노래하는 시집
슈베르트

노래하는 시집 **슈베르트** (수정2판)

지은이　빌헬름 밀러 외
옮긴이　곽명규

수정2판 제1쇄　2023년 4월 13일 발행

펴낸곳　금사과 /(주)트리플라인
펴낸이　곽유진
등록　　2000년 4월 4일 등록 제301-2000-064호 (2-3055)
주소　　서울 중구 마른내로 4가길 41 (04556)
전화/팩스　02 2277 6189

표지　　박완배

ISBN　978-89-965423-5-3 (03850)

ⓒ곽명규 2023
이 책의 한글번역본 판권은 옮긴이와 출판사에 있습니다.

노래하는 시집
슈베르트

수정2판

2023
금사과

차례

5 일러두기
6 수정판을 내면서
7 초판본의 머리말:
 우리말로 부르고 듣는 연가곡에의 꿈

13 **아름다운 물방앗간 아가씨**

99 **겨울 나그네**

179 **백조의 노래**

234 옮긴이

슈베르트의 안경

일러두기

1. **이 책의 활용 방법** : 독일어로 부르는 연가곡을 감상할 때 이 번역 노랫말을 동시에 눈으로 보면서 듣는 것을 추천함. 그렇게 하는 경우 독일어 한 마디 한 마디가 자연스럽게 우리말로 바뀌어 들림으로써 노랫말의 이해와 음악의 감상을 일체화시킬 수 있으리라고 기대함. 나아가, 연가곡의 가창 연습이나 연주회 연주 때에 우리말로 이 노래들을 불러주기를 기대함.

2. **텍스트** : 빌헬름 뮐러나 그 밖의 시인들이 쓴 '원래의 시' 그대로가 아니라, '슈베르트의 악보에 적힌 노랫말'을 텍스트로 삼아 번역했음. 따라서 슈베르트가 작곡 상 필요에 따라 반복했거나 표현을 바꾼 경우에도 이를 그대로 따랐으며, 이는 이 번역의 목적이 '시 이해하기'가 아니라 '우리말로 노래 부르기'이기 때문임.

3. **번역의 원칙과 한계** : '노랫말의 번역'이라는 특성으로 인해 '독일어 원문에 충실한 직역'이 아니라 '우리말로 노래를 부를 때 음악적 감흥을 최대한 살리는 번역'이 되도록 노력하였음. 따라서 필요한 경우에는 원문의 일부를 생략하거나 축소 또는 확장하기도 했으며, 전체적 흐름을 벗어나지 않는 범위 안에서 부분적으로 표현을 바꾸거나 뒤집을 필요가 있을 때에는 그렇게 하였음.

수정판을 내면서

<노래하는 시집 슈베르트>를 처음 펴낸 지 12년이 넘었습니다. 그 동안 많은 음악가들과 음악 애호가들, 특히 슈베르트 연가곡 애호가들과 이야기를 나누어 보았습니다.

다양한 의견들이 있었지만 요약하면 간단합니다.

이 '우리말 가창(可唱) 번역본'이 연가곡의 내용을 마디마디 이해하면서 감상하는 데에는 도움을 주었으나, '무대에서도 우리말로 연가곡을 부르자'는 궁극적 과제를 실행하도록 유인하지는 못하고 있다는 것이었습니다.

번역자로서 저 자신은 '감상에의 도움'만으로 만족할 수 없고, '연주로의 유인의 실패' 쪽에 책임을 느낍니다. 또한 그 실패의 원인을 '번역 노랫말이 갖는 태생적 한계'에서 찾고 싶지 않으며, 전적으로 '번역의 부실'이라는 저 자신의 과오에서 찾고 싶습니다.

수정판을 거듭 내는 이유가 바로 거기에 있습니다.

'노래부르기 좋은 번역'에 조금이라도 더 다가가려는 저의 노력은 앞으로도 계속될 것입니다.

2023년 4월
곽 명 규

초판본의 머리말:
우리말로 부르고 듣는 연가곡에의 꿈

슈베르트의 가곡을 들으며 아름다운 선율과 독창적인 반주에 매혹되어 넋을 잃고 있다가 문득 '시(詩)'와 '음악'의 관계에 대해 생각해 봅니다.

장르를 불문하고 모든 성악곡은 시에서 출발한다고 할 수 있습니다. 동서고금을 통틀어 많은 시가 작곡가의 음악적 표현을 통해서 '노래'로 다시 태어났습니다. 그러나 오래도록 많은 사람들의 사랑을 받는 노래는 그중 일부일 뿐입니다.

어떤 노래가 다른 노래들보다 더 사랑을 받게 되는 데에는 까닭이 있을 것입니다. 선율이나 리듬이 좋아서, 노랫말이 좋아서, 혹은 어떤 연주자의 연주가 인상적이어서… 그러나 그 많은 이유들을 한 마디로 묶자면, '시와 음악이 잘 결합되어서'라고 말할 수 있습니다. 만일 시나 음악의 각각이 아무리 좋다고 해도 그들이 서로 잘 결합되지 못하였다면 '많은' 사람들이 '오래도록' 사랑하기에는 이르지 못했을 것입니다.

'시와 음악의 결합'이 가장 잘 이루어진 예를 슈베르트의 연가곡에서 볼 수 있습니다. 연가곡은 서로 독립적인 여러 가곡이 결합하여 큰 작품 하나로 뭉쳐진 것입니다.

저마다 개성적인 아름다움을 지니고 있는 한 곡 한 곡의 노래들이 재차 서로 연결되고 조화를 이루면서 연가곡이라는 큰 덩어리로 다시 태어나는 동안, 우리가 받는 감동은 끝없는 나선형의 상승곡선을 그리며 누적과 확대를 거듭하게 됩니다.

이러한 경이로운 감동의 밑바닥에 '시(노랫말)'가 자리하고 있습니다. 노래의 한 구절 한 구절에서 노랫말이라는 특별한 존재가 구체적으로 의미를 제시해 주었기에 그와 같은 큰 감동을 얻을 수 있었던 것입니다.

그런 점에서, 특히 연가곡의 감상은 반드시 노랫말(시)의 음미와 함께 이루어져야만 완성될 수 있는 것이라는 생각이 확신을 얻게 됩니다.

독일어를 모국어로 가진 사람들은 이 점에서는 행운아라고도 하겠습니다. 어떻게 보면 오직 그들만이 엄밀한 의미에서 독일 연가곡의 감상을 누릴 수 있는 것이라고 말할 수도 있을 것입니다.

여기에서 외국인으로서의 어쩔 수 없는 차선의 선택으로 노랫말 번역의 필요성이 생깁니다. 독일어로 부르는 노래를 한마디도 빠뜨리지 않고 모두 이해하고 또 감정적으로 받아들이면서 감상한다는 것이 태생적으로 불가능하다면 결국 우리말로 번역해서 부르고 들어야 할 필요가 있게 된다는 것입니다.

물론 외국의 노래를 우리말로 번역해서 부르고 듣게 되면 원어가 갖는 소리 자체의 음악성은 잃어버리게 된다는 단점이 있습니다. 그러나 이 단점은 그 노래를 실체적으로 이해할 수 있게 된다는 이득에 비하면 작은 것이며 또한 피할 수도 없는 일입니다. 우리가 흔히 외국의 시를 원어가 아닌 번역을 통해서 감상하고, 또 그 번역시를 암송하기까지 하는 것도 같은 이유에서입니다.

그런데, 외국가곡의 노랫말 번역에는 외국시의 번역과 크게 다른 점이 있습니다. 흔히 외국시를 번역할 때에는 그 의미의 번역에 치중하게 되는 반면에, 원시의 운율은 번역시 속에 그대로 반영하지 못하게 됩니다. 이는 각국의 언어가 가진 특성의 차이 때문에 어쩔 수 없이 일어나는 현상입니다.

그러나 외국어로 된 노랫말을 노랫말로서 번역할 때는, 반드시 그 번역된 말이 노래의 운율과 일치해야 한다는 조건이 따르게 됩니다. 원래의 노랫말이 아무리 불규칙한

운율을 가진 자유시라고 해도, 일단 거기에 곡조가 붙고 나면 그 노래의 음표 수라는 확실한 틀을 가지게 되기 때문에 마치 특수한 형태의 정형시라도 되는 것처럼 성격이 바뀌게 되는 것입니다.

게다가 원시에서 사용된 외국단어의 음절 수와 이에 상응하는 우리말의 음절 수에는 큰 차이—우리말의 음절이 더 많은 경우가 흔합니다—가 있어 원시의 표현들을 전부 수용할 수 없는 경우가 빈번히 발생하게 되며, 어순의 차이 또한 노랫말 번역의 어려움을 더하는 요인입니다.

또한 이와는 다른 문제로서, 번역된 말 하나하나가 노래 가락의 장단 고저와 잘 어울려야 한다는 조건까지 붙게 되어, 노랫말 번역의 어려움을 한층 더 깊게 합니다.

이러한 겹겹의 고충을 껴안은 채 여러 해 동안 슈베르트를 필두로 한 독일 연가곡의 노랫말 번역이라는 작업에 매달려 오면서, 바로 그런 고충들로부터 생기는 문제들을 극복해 보고자, 셀 수 없이 여러 번 반복해 음반을 틀어 놓고 번역 노랫말을 대입하며 듣기도 하고, 또 스스로 소리 내어 불러보기도 하면서 수정에 재수정을 반복해야만 했습니다.

물론 그러고도 아직 흡족한 번역에는 가까이 가지 못했으며, 앞으로도 몇 배의 노력을 수정과 보완에 더 쏟아부어야 할 것입니다.

　그럼에도, 부끄러움을 무릅쓰고 슈베르트 연가곡의 번역본 초판을 불완전한 채로 세상에 내놓게 된 것은 오직 이 책의 출판이 작은 계기가 되어 성악가와 반주자를 포함한 음악인들과 많은 연가곡 애호가들께서 독일 연가곡을 모두 자연스럽게 우리말로 부르고 듣게 되는 날이 조금이라도 당겨지기를 바라는 소박한 욕심에서입니다. 그리고 같은 이유에서 앞으로 빠른 시일에 다른 작곡가들의 연가곡들도 번역 출판할 계획입니다.

　그동안 수년간 격려와 도움을 주신 모든 분들께 감사드리며, 노랫말의 표현과 독어 번역에 관해 자문을 받아 주신 시인 김숙자 님과 독문학자 박광자 교수님, 표지 디자인을 맡아 주신 박완배 님께 깊은 감사를 드립니다.

2010년 11월

곽 명 규

아름다운 물방앗간 아가씨
Die Schöne Müllerin

빌헬름 뮐러 시
곽명규 옮김

빌헬름 뮐러

프란츠 슈베르트

아름다운 물방앗간 아가씨
Die Schöne Müllerin

　슈베르트(1797-1828)의 첫 연가곡인 <아름다운 물방앗간 아가씨>(D.795, Op.25)는 독일의 낭만주의 시인 빌헬름 뮐러(Wilhelm Müller, 1794~1827)의 연작시(1820년 출간)에 붙여 1823년에 작곡(1824년 출간)되었다.
　약 650곡에 이르는 슈베르트의 성악곡뿐 아니라, 거의 1,000곡에 이르는 그의 전체 작품 중에서도, <겨울 나그네 Winterreise>와 함께 가장 잘 알려지고 가장 자주 연주되는 대표작의 하나로 꼽을 수 있는 역작이며 명작이다. 또한 세계 음악사에서 '연가곡'이라는 장르를 확립시킨 역사적인 작품이기도 하다.
　슈베르트 생전에 그의 친구인 바리톤 요한 포글(Johann Michael Vogl, 1768-1840)에 의해 슈베르티아데에서 여러 차례 연주되었으며, 원래는 테너나 소프라노의 음역에 맞도록 작곡되었으나 더 낮은 음역에서도 자주 연주된다. 특히 '젊은이의 실연'이라는 주제 때문에 많은 남성 가수들의 애창곡이 되어 있다.
　20개의 가곡으로 구성된 이 연가곡은 주인공 젊은이의 사랑의 상황이 어떻게 전개돼 가느냐에 따라, 밝고 즐거운 노래들로부터 혼란과 실망, 좌절과 비탄, 환상과 죽음으로 흐름이 바뀌며 발전해 나가는데, 전체적인 스토리는 이러하다.

 물방앗간의 일꾼인 한 젊은이가 새 희망을 품고 방랑길을 떠난다. 정해진 목적지 없이 냇물을 따라 내려가다가 마음에 드는 물방앗간을 발견해 그곳에 정착해 일을 하게 된다. 그리고 그 물방앗간의 젊고 예쁜 아가씨를 사랑하게 된다. 아가씨는 잠시 그의 마음을 받아주는 듯 했으나 결국은 사냥꾼을 사랑하게 된다. 젊은이는 슬픔과 괴로움으로 물방앗간을 떠난다. 자신의 유일한 친구인 냇물을 따라 내려가다가 그 물속에 몸을 던지게 된다. 시냇물이 자장가를 부르며 그를 위로해 준다.

슈베르티아데(Schubertiade)의 모임 광경

요한 포글

포글과 슈베르트

1. Das Wandern

Das Wandern ist des Müllers Lust, das Wandern!
Das Wandern ist des Müllers Lust, das Wandern!
Das muss ein schlechter Müller sein,
Dem niemals fiel das Wandern ein,
Das Wandern! Das Wandern!
Das Wandern! das Wandern!

Vom Wasser haben wir's gelernt, vom Wasser!
Vom Wasser haben wir's gelernt, vom Wasser!
Das hat nicht Rast bei Tag und Nacht,
Ist stets auf Wanderschaft bedacht,
Das Wasser! Das Wasser!
Das Wasser! Das Wasser!

Das sehn wir auch den Rädern ab, den Rädern!
Das sehn wir auch den Rädern ab, den Rädern!
Die gar nicht gerne stille stehn,
Die sich mein Tag nicht müde drehn,
Die Räder! Die Räder!

1. 방랑

방랑은 정말 즐-거-워, 방랑-은!
방랑은 정말 즐-거-워, 방랑-은!
물-방아꾼은 누-구-나
방-랑을 즐겨 한-다-네
방랑을, 방-랑을!
방랑을, 방-랑을!

물에게 배워 알-았-네, 물에-게!
물에게 배워 알-았-네, 물에-게!
쉬-지 않고 밤낮-으-로
흘-러갈 생각만- 하-는
물에게, 물-에게!
물에게, 물-에게!

물방아 바퀴를- 보-게, 바퀴-를!
물방아 바퀴를- 보-게, 바퀴-를!
서-있기 싫어한-다-네
종-일 돌며 안 지-치-네
바퀴는, 바-퀴는!

Die Räder! Die Räder!

Die Steine selbst, so schwer sie sind, die Steine!
Die Steine selbst, so schwer sie sind, die Steine!
Sie tanzen mit den muntern Reihn
Und wollen gar noch schneller sein,
Die Steine! Die Steine!
Die Steine! die Steine!

O Wandern, Wandern, meine Lust, o Wandern!
O Wandern, Wandern, meine Lust, o Wandern!
Herr Meister und Frau Meisterin,
Laßt mich in Frieden weiterziehn
Und wandern! Und wandern!
Und wandern! Und wandern!

바퀴는, 바-퀴는!

방앗돌 가볍게- 도-네, 방앗-돌!
방앗돌 가볍게- 도-네, 방앗-돌!
경-쾌하게 춤을- 추-며
더- 빨리 돌려 한-다-네
방앗돌, 방-앗돌!
방앗돌, 방-앗돌!

오 방랑, 방랑, 내- 기-쁨, 오 방-랑!
오 방랑, 방랑, 내- 기-쁨, 오 방-랑!
나- 이제 떠나간-다-네
즐-거운 방랑길- 찾-아
방랑길, 방-랑길!
방랑길, 방-랑길!

2. Wohin?

Ich hört' ein Bächlein rauschen,
Wohl aus dem Felsenquell.
Hinab zum Tale rauschen
So frisch und wunderhell.

Ich weiß nicht, wie mir wurde,
Nicht, wer den Rat mir gab.
Ich mußte auch hinunter
Mit meinem Wanderstab.
Ich mußte auch hinunter
Mit meinem Wanderstab.

Hinunter und immer weiter,
Und immer dem Bache nach,
Und immer frischer rauschte
Und immer heller der Bach.
Und immer frischer rauschte,
Und immer heller der Bach.

2. 어디로?

시-냇물 소리 들리네
바-위 틈 사-이-로.
골-짜기 따라 흐르는
맑-고 시원-한- 물.

무엇에 끌렸는지
왠지는 몰라-도
나 또-한- 물길 따-라
걸-음을 옮-겼-네.
나- 또한 물길-- 따-라
걸-음을 옮-겼-네.

골짜기 아래로 멀리
냇-물 따라 간다네.
시원하게- 흐-르는
맑-은 냇물-을 따라-
시원하게- 흐-르는
맑-은- 냇-물-을 따라.

Ist das denn meine Straße?
O Bächlein, sprich, wohin?
Wohin, sprich, wohin?
Du hast mit deinem Rauschen
Mir ganz berauscht den Sinn.
Du hast mit deinem Rauschen,
Mir ganz berauscht den Sinn.

Was sag ich denn vom Rauschen?
Das kann kein Rauschen sein.
Es singen wohl die Nixen
Tief unten ihren Reihn.
Es singen wohl die Nixen
Tief unten ihren Reihn.

Laß singen, Gesell, laß rauschen,
Und wandre fröhlich nach!
Es gehn ja Mühlenräder
In jedem klaren Bach!

내 갈 길 어디인가?
오 냇물아, 어딘가?
말하라, 어딘가-?
흐르는 물소리에
내 마-음 홀렸네.
흐르는 물-소-리에
내- 마음 홀-렸-네.

물에게 뭐라 하랴?
아무 말 없-는- 물.
물-속의 요정--들-이
노-래 불렀-을- 뿐.
물-속의 요정--들-이
노-래 불렀-을- 뿐.

시냇물아 노래하라.
방-랑길 즐겁게!
맑은 시냇-가-에는
물-방아 있-으-리-.

Es gehn ja Mühlenräder
In jedem klaren Bach!

Laß singen, Gesell, laß rauschen,
Und wandre fröhlich nach!
Fröhlich nach!
Fröhlich nach!

맑은 시냇-가-에는-
물-방아 있-으-리.

시-냇물아 노-래-하라
방-랑길 즐-겁-게!
즐-겁-게!
즐겁게....!

3. **Halt !**

Eine Mühle seh ich blinken
Aus den Erlen heraus,
Durch Rauschen und Singen
Bricht Rädergebraus.
Bricht Rädergebraus.

Ei willkommen, ei willkommen,
Süßer Mühlengesang!
Ei willkommen, ei willkommen,
Süßer Mühlengesang!

Und das Haus, wie so traulich!
Und die Fenster, wie blank!
Und die Sonne, wie helle
Vom Himmel sie scheint!
Und die Sonne, wie helle
Vom Himmel sie scheint!

Ei, Bächlein, liebes Bächlein,

3. 정지!

물방아 돌고 있었네
큰 나무 그늘 밑.
물소-리 들렸네
노래- 부르듯.
노래- 부르듯.

어서 오게, 어서 오게,
달콤한 그 노래!
어서 오게, 어서 오게,
달콤한 그 노래!

집안은 아늑하고
창문은 시원해-!
태양 또-한 온 종-일
밝게- 비추지!
태양 또-한 온 종-일
밝게- 비추지!

냇물아, 오 냇물아,

War es also gemeint?
Ei, Bächlein, liebes Bächlein,
War es also gemeint?
War es also gemeint?
War es also gemeint?

그런 말이었니?
냇물아, 오 냇물아,
그런 말이었니?
그런 말이었니?
그런 말이었니?

4. Danksagung an den Bach

War es also gemeint,
Mein rauschender Freund?
Dein Singen, dein Klingen,
War es also gemeint?
War es also gemeint?

Zur Müllerin hin!
So lautet der Sinn.
Gelt, hab' ich's verstanden?
Hab' ich's verstanden?
Zur Müllerin hin!
Zur Müllerin hin!

Hat sie dich geschickt?
Oder hast mich berückt?
Das möcht ich noch wissen,
Ob sie dich geschickt.
Ob sie dich geschickt.

4. 시냇물을 향한 감사

그런 말이었니?
너 시-냇물아.
네 노-래, 속삭임,
그런 말이었니?
그런 말이었니?

그녀- 집으로!
라고- 말했지,
아, 그 말을 했지?
그 말을 했지?
그-녀 집으로!
그-녀 집으로!

그녀 뜻이냐?
또는 네 말이냐?
말해 주려무나.
그녀 뜻인지.
그녀 뜻인지.

Nun wie's auch mag sein,
Ich gebe mich drein:
Was ich such, hab ich funden,
Wie's immer mag sein.

Nach Arbeit ich frug,
Nun hab ich genug
Für die Hände, fürs Herze
Vollauf genug!
Vollauf genug!

누구- 뜻이든
그 말 따르리.
바랬던 대로이-니
누구- 뜻이든.

원-했던 일을
모두- 가졌네.
내 손 안-에, 가슴에
가-득하게!
가-득하게!

5. Am Feierabend

Hätt ich tausend Arme zu rühren!
Könnt ich brausend die Räder führen!
Könnt ich wehen durch alle Haine!
Könnt ich drehen alle Steine!

Daß die schöne Müllerin
Merkte meinen treuen Sinn!
Daß die schöne Müllerin
Merkte meinen treuen Sinn!

Ach, wie ist mein Arm so schwach!
Was ich hebe, was ich trage,
Was ich schneide, was ich schlage,
Jeder Knappe tut mir's nach.
Jeder Knappe tut mir's nach.

Und da sitz ich in der großen Runde,
In der stillen kühlen Feierstunde,
Und der Meister spricht zu allen:

5. 저녁 휴식 때*

*"일 끝난 저녁에"로도 번역된다.

내가 천하장사였다면!
물방아도 잘 돌렸을 걸!
바람처럼 숲을 누비고!
방앗돌도 막 끌었을 걸!

예쁜 우-리 아가씨
내 맘 알-아 주도록!
예쁜 우리 아-가씨
내- 맘 알-아 주-도록!

아, 내 힘 왜 약-할까!
드-는 힘도, 끄-는 힘도
자르는- 힘, 치-는 힘도
남들보다 못하네
남-들보다 못하네.

일 끝나고 모-두 둘-러 앉아
조용하게 쉬-는 저-녁때면
주인은 말씀하시네:

Euer Werk hat mir gefallen;
Euer Werk hat mir gefallen;

Und das liebe Mädchen sagt:
Allen eine gute Nacht.
Allen eine gute Nacht.

Hätt ich tausend Arme zu rühren!
Könnt ich brausend die Räder führen!
Könnt ich wehen durch alle Haine!
Könnt ich drehen alle Steine!

Daß die schöne Müllerin
Merkte meinen treuen Sinn!
Daß die schöne Müllerin
Merkte meinen treuen Sinn!
Daß die schöne Müllerin
Merkte meinen treuen Sinn!

오늘도 수고 많았소.
오늘도 수고 많았소.

아가씨도 말-하네:
모두 편히 쉬세요.
모두 편히 쉬세요.

내가 천하장사였다면!
물방아도 잘 돌렸을 걸!
바람처럼 숲을 누비고!
방앗돌도 막 끌었을 걸!

예쁜 우-리 아가씨
내 맘 알-아 주---도록!
예쁜 우-리 아가씨
내 맘 알-아 주---도록!
예쁜 우리 아-가씨
내- 맘 알-아 주-도록!

6. Der Neugierige

Ich frage keine Blume,
Ich frage keinen Stern,
Sie können mir alle nicht sagen,
Was ich erführ so gern.

Ich bin ja auch kein Gärtner,
Die Sterne stehn zu hoch;
Mein Bächlein will ich fragen,
Ob mich mein Herz belog.

O Bächlein meiner Liebe,
Wie bist du heut so stumm!
Will ja nur eines wissen,
Ein Wörtchen um und um.
Ein Wörtchen um und um.

Ja heißt das eine Wörtchen,
Das andre heißet Nein,
Die beiden Wörtchen

6. 궁금한 사람*

*"궁금한 마음"으로도 번역된다.

꽃에게 묻지 않네.
별에게 묻지 않네.
아무도 대답 못 하리니
나 알고- 싶은 것.

꽃밭도 내겐 없고
별들은 너무 멀어
냇물-에게- 물으리
내- 사-랑- 헛-된-지.

오 냇물, 내 사랑-아
너 말이 없-구나!
하나만 말해 다-오
다만 한- 마디-만
다만- 한- 마디-만.

"네!"라는 말 한 마디
또는 "아니!"라는,
이 두 말끝에

아름다운 물방앗간 아가씨

Schließen die ganze Welt mir ein.
Die beiden Wörtchen
Schließen die ganze Welt mir ein.

O Bächlein meiner Liebe,
Was bist du wunderlich!
Will's ja nicht weitersagen,
Sag, Bächlein, liebt sie mich?
Sag, Bächlein, liebt sie mich?

온 세상이 걸렸다네.
이 두 말끝-에
온 세상이 걸렸다네.

오 냇물, 내 사랑-아
너 말이 없-구나!
하나만 말해 다-오.
내 사-랑- 그-녀도
날 사-랑-하-는가?

7. Ungeduld

Ich schnitt es gern in alle Rinden ein,
Ich grüb es gern in jeden Kieselstein,
Ich möcht es sä'n auf jedes frische Beet
Mit Kressensamen, der es schnell verrät,
Auf jeden weißen Zettel möcht ich's schreiben:
Dein ist mein Herz, dein ist mein Herz
Und soll es ewig, ewig bleiben.

Ich möcht mir ziehen einen jungen Star,
Bis daß er spräch die Worte rein und klar,
Bis er sie spräch mit meines Mundes Klang,
Mit meines Herzens vollem, heißem Drang;
Dann säng er hell durch ihre Fensterscheiben:
Dein ist mein Herz, dein ist mein Herz
Und soll es ewig, ewig bleiben.

Den Morgenwinden möcht ich's hauchen ein,
Ich möcht es säuseln durch den regen Hain;
Oh, leuchtet' es aus jedem Blumenstern!

7. 초조

모든 나무에 새겨 놓으리.
모든 돌에도 새겨 놓으리.
꽃밭엔 새로 씨를 뿌리고
싹트는 날을 기다리면서
흰 종이마다 가득 적어 놓으리:
내 마음은 그대의 것
이렇게 항-상-, 항-상- 영----원히.

예쁜 새 하나 기르고 싶네.
사랑의 말 가르치고 싶네.
내 목소리로 말할 때까지
내 맘에 가득한 열정으로
그녀의 창가에서 노래하도록:
내 마음은 그대의 것
이렇게 항-상-, 항-상- 영----원히.

아침 바람에 실어 보내리.
숲속을 향해 속삭여 주리.
오, 꽃잎마다 반짝거려라!

Trüg es der Duft zu ihr von nah und fern!
Ihr Wogen, könnt ihr nichts als Räder treiben?
Dein ist mein Herz, dein ist mein Herz
Und soll es ewig, ewig bleiben.

Ich meint, es müßt in meinen Augen stehn,
Auf meinen Wangen müßt man's brennen sehn,
Zu lesen wär's auf meinem stummen Mund,
Ein jeder Atemzug gäb's laut ihr kund,
Und sie merkt nichts von all dem bangen Treiben:
Dein ist mein Herz, dein ist mein Herz
Und soll es ewig, ewig bleiben.

이 향기 그녀에게 전하라!
물결아, 넌 물방아만 돌릴 거냐?
내 마음은 그대의 것
이렇게 항-상- 항-상- 영----원히.

내 눈에 담겨 반짝이는데
내 뺨에서 불타고 있는데
내 입술 위에 그려 있는데
내 한숨 속에 섞여 있는데
그녀는 내 마음을 모른다-네.
내 마음은 그대의 것
이렇게 항-상- 항-상- 영----원히.

8. Morgengruß

Guten Morgen, schöne Müllerin!
Wo steckst du gleich das Köpfchen hin,
Als wär dir was geschehen?
Verdrießt dich denn mein Gruß so schwer?
Verstört dich denn mein Blick so sehr?
So muß ich wieder gehen.
So muß ich wieder gehen.
Wieder gehen.

O laß mich nur von ferne stehn,
Nach deinem lieben Fenster sehn,
Von ferne, ganz von ferne!
Du blondes Köpfchen, komm hervor!
Hervor aus eurem runden Tor,
Ihr blauen Morgensterne!
Ihr blauen Morgensterne!
Ihr Morgensterne!

Ihr schlummertrunknen Äugelein,

8. 아침 인사

좋은 아침이죠, 아가-씨!
왜 얼굴 돌-리-시나요.
무슨 까닭- 있기에?
내 인사 달갑잖나요?
내- 눈길 반갑잖나요?
그럼 난 돌-아가오.
그럼 난 돌-아가오.
돌-아가오.

오, 멀리 떨어져 서-서
그대 창문- 바-라보리
멀리, 아주- 멀리서!
그대 금발 볼 때까지!
동-그란 그대 얼굴과
별처럼 푸-른 두 눈!
별처럼 푸-른- 두 눈!
새벽-별처럼!

잠에 취한 듯 그 두- 눈,

Ihr taubetrübten Blümelein,
Was scheuet ihr die Sonne?
Hat es die Nacht so gut gemeint,
Dass ihr euch schließt und bückt und weint
Nach ihrer stillen Wonne?
Nach ihrer stillen Wonne?
Nach ihrer Wonne?

Nun schüttelt ab der Träume Flor
Und hebt euch frisch und frei empor
In Gottes hellen Morgen!
Die Lerche wirbelt in der Luft,
Und aus dem tiefen Herzen ruft
Die Liebe Leid und Sorgen.
Die Liebe Leid und Sorgen.
Leid und Sorgen.

이슬 맺힌- 꽃-잎처럼
햇빛 왜 피-하시나?
황홀했던 지난 밤 꿈
울-고 웃었던 순간의
그 환희 깨-질까봐?
그 환희 깨-질까봐?
그 남모를 환희?

이젠 꿈의 너울 벗-고
힘차게 창-문-을 열어
아침을 맞--을 시간!
하늘엔 종달새 울고
내- 가슴 속엔 사랑이
슬픔과 괴롬에 떠네.
슬픔과 괴롬에 떠네.
슬픔과 괴롬.

9. Des Müllers Blumen

Am Bach viel kleine Blumen stehn,
Aus hellen blauen Augen sehn;
Der Bach, der ist des Müllers Freund,
Und hellblau Liebchens Auge scheint,
Drum sind es meine Blumen.
Drum sind es meine Blumen.

Dicht unter ihrem Fensterlein,
Da will ich pflanzen die Blumen ein,
Da ruft ihr zu, wenn alles schweigt,
Wenn sich ihr Haupt zum Schlummer neigt,
Ihr wißt ja, was ich meine.
Ihr wißt ja, was ich meine.

Und wenn sie tät die Äuglein zu
Und schläft in süßer, süßer Ruh,
Dann lispelt als ein Traumgesicht
Ihr zu: Vergiß, vergiß mein nicht!
Das ist es, was ich meine.

9. 물방아꾼의 꽃*

*"물방앗간 청년의 꽃"으로 번역하기도 한다.

냇가-에 핀- 작은- 꽃들
파란- 눈망-울 열었-네.
냇-물-에 비-친 꽃-들이
그녀-의 푸-른 눈- 같아
그 꽃-은 이-제 나의 꽃.
그 꽃-은 이-제 나의 꽃.

그녀-의 창-문 밑-에다
이 꽃-을 옮겨 놓으리-라.
밤-이- 되고- 모두- 잘 때
창가-로 그-녀를- 불러
내 마-음 전-하도-록.
내 마-음 전-하도-록.

그녀-가 두- 눈 감-고서
달콤-한 꿈속에 빠지-면
그- 꿈- 찾아-가 속삭이라.
날 잊-지 말-아 달-라고!
내 맘-속 진-실한 이 말.

Das ist es, was ich meine.

Und schließt sie früh die Laden auf,
Dann schaut mit Liebesblick hinauf:
Der Tau in euren Äugelein,
Das sollen meine Tränen sein,
Die will ich auf euch weinen.
Die will ich auf euch weinen.

내 맘-속 진-실한 이 말.

그녀-가 창-문 밖-으로
사랑-의 눈길을 던질- 때
꽃-송이엔 이-슬 덮-이리.
내 눈가에 밤-새 맺혔다
떨어-진 눈-물방울로.
떨어-진 눈-물방울로.

10. Tränenregen

Wir saßen so traulich beisammen
Im kühlen Erlendach,
Wir schauten so traulich zusammen
Hinab in den rieselnden Bach.

Der Mond war auch gekommen,
Die Sternlein hinterdrein,
Und schauten so traulich zusammen
In den silbernen Spiegel hinein.

Ich sah nach keinem Monde,
Nach keinem Sternenschein,
Ich schaute nach ihrem Bilde,
Nach ihren Augen allein.

Und sahe sie nicken und blicken
Herauf aus dem seligen Bach,
Die Blümlein am Ufer, die blauen,
Sie nickten und blickten ihr nach.

10. 눈물의 비

둘이 함께 앉-아 있었네
시원한 나-무 밑.
둘이 함께 바-라보았네
찰랑거리는 냇물을.

달님도 떠올랐-고
별님-도 떠올랐네.
모두 서로 정다워 보였네
은빛 거울에 비친 모습.

내 눈-엔 달--도 별도
보이지 않-았네.
그녀만을 바--라봤네
오직- 그녀 눈만을.

그녀의 귀여운 눈길-이
꽃들에게 향했을 땐
냇가에 핀 푸른 꽃들-도
그녀에게 웃음졌네.

Und in den Bach versunken
Der ganze Himmel schien
Und wollte mich mit hinunter
In seine Tiefe ziehn.

Und über den Wolken und Sternen,
Da rieselte munter der Bach
Und rief mit Singen und Klingen:
Geselle, Geselle, mir nach!

Da gingen die Augen mir über,
Da ward es im Spiegel so kraus;
Sie sprach: Es kommt ein Regen,
Ade, ich geh nach Haus.

냇물-에 담--겨 있던
하늘이 빛-나며
나를 부르는--듯 했네.
깊은- 물속-에서.

구름과 별 그 너머에-선
시냇물이 속삭였네.
흥겹게 내게 말했-네,
친구여, 이리로 오게!

내 눈 속의 눈-물 떨어져
시냇물이 흔들렸네.
그녀는 일어섰네.
"비가- 오네- 안녕!"

11. Mein!

Bächlein, laß dein Rauschen sein!
Räder, stellt euer Brausen ein!
All ihr muntern Waldvögelein,
Groß und klein,
Endet eure Melodein!
Endet eure Melodein!

Durch den Hain, aus und ein,
Schalle heut ein Reim allein:
Durch den Hain, aus und ein,
Schalle heut ein Reim allein:
Die geliebte Müllerin ist mein, ist mein!
Die geliebte Müllerin ist mein, ist mein!
Mein, mein!

Frühling, sind das alle deine Blümelein?
Sonne, hast du keinen hellern Schein?
Ach, so muß ich ganz allein
Mit dem seligen Worte mein

11. 내 것 !

냇물아 흘러 내려-라!
방아야 너흰 멈춰-라!
하늘의 즐거운 새들아
모두-들
노래 소-리- 그-쳐-라!
노래 소-리- 그-쳐-라!

숲-속-에 가-득-히
한- 마-디만 퍼--지-라.
숲-속-에 가-득-히
한- 마-디만 퍼--지-라.
물-방-앗-간- 아-가-씨는 내 것, 내- 것!
물-방-앗-간- 아-가-씨는 내 것, 내- 것!
내-- 것!

봄아, 꽃은 모두 이것뿐이냐?
해야, 더 밝을 수 없느-냐-?
아, 나 혼자 있으리
내 것이-란 말만 외며-

Unverstanden in der weiten Schöpfung sein!
Unverstanden in der weiten Schöpfung sein!

Bächlein, laß dein Rauschen sein!
Räder, stellt euer Brausen ein!
All ihr muntern Waldvögelein,
Groß und klein,
Endet eure Melodein!
Endet eure Melodein!

Durch den Hain, aus und ein,
Schalle heut ein Reim allein:
Durch den Hain, aus und ein,
Schalle heut ein Reim allein:
Die geliebte Müllerin ist mein, ist mein!
Die geliebte Müllerin ist mein, ist mein!
Mein, ist mein!

세-상 누구나 날- 이-해- 못해도-!
세-상 누구나 날- 이-해- 못~-해도!

냇물아, 흘러 내려-라!
방아야, 너흰 멈춰-라!
하늘의 즐거운 새들아
모두-들,
노래 소-리- 멈-춰-라!
노래 소-리- 멈-춰-라!

숲-속-에 가-득-히
한- 마-디만 퍼ー지-라:
숲-속-에 가-득-히
한- 마-디만 퍼ー지-라:
물-방-앗-간- 아-가-씨는 내 것, 내- 것!
물-방-앗-간- 아-가-씨는 내 것, 내- 것!
내 것, 내---- 것!

12. Pause

Meine Laute hab ich gehängt an die Wand,
Hab sie umschlungen mit einem grünen Band -
Ich kann nicht mehr singen, mein Herz ist zu voll,
Weiß nicht, wie ich's in Reime zwingen soll.

Meiner Sehnsucht allerheißesten Schmerz
Durft ich aushauchen in Liederscherz,
Und wie ich klagte so süß und fein,
Glaubt ich doch, mein Leiden wär nicht klein.

Ei, wie groß ist wohl meines Glückes Last,
Daß kein Klang auf Erden es in sich faßt?
Daß kein Klang auf Erden es in sich faßt?

Nun, liebe Laute, ruh an dem Nagel hier!
Und weht ein Lüftchen über die Saiten dir,
Und streift eine Biene mit ihren Flügeln dich,
Da wird mir so bange, und es durchschauert mich.

12. 쉼*

*"휴식"으로도 번역되고 있다.

나의 라우테, 벽에 걸어 두었네.
녹색 리본을 매달아 놓~았-네.
노래할 수 없네, 가슴이 벅차
어찌 소리를 내야 할는-지.

그-리-움도, 심한 괴로움도-
노--래-에- 담-아서 뿌-렸-고
높-은 소리로 탄식하-며-
슬-픔- 속에 잠겨 살-았-네.

아, 이젠 내 기쁨 너무 커서
노-래-엔- 담-아- 낼 수가- 없-나?
노-래-엔- 담-아- 낼 수가- 없-나?

내 사랑 라우테, 쉬어-라 그렇-게!
바람이 불어 너-를 흔들 때-나
꿀벌이 날개로 널 건드릴- 때면
나는 두려움에 가슴 졸인다네.

Warum ließ ich das Band auch hängen so lang?
Oft fliegt's um die Saiten mit seufzendem Klang.
Ist es der Nachklang meiner Liebespein?
Soll es das Vorspiel neuer Lieder sein?
Ist es der Nachklang meiner Liebespein?
Soll es das Vorspiel neuer Lieder sein?

너무 오래 걸어 둔 건- 아닐까?
한숨 쉬듯 네 소리 떨-려오네.
아팠던 사-랑의 여운일-까?
새로운 노래-의- 전-주일까?
아팠던 사-랑의 여운일-까?
새로운 노래-의- 전-주일까?

라우테

13. Mit dem grünen Lautenbande

"Schad um das schöne grüne Band,
Daß es verbleicht hier an der Wand,
Ich hab das Grün so gern!
Ich hab das Grün so gern!"

So sprachst du, Liebchen, heut zu mir;
Gleich knüpf ich's ab und send es dir:
Nun hab das Grüne gern!
Nun hab das Grüne gern!

Ist auch dein ganzer Liebster weiß,
Soll Grün doch haben seinen Preis,
Und ich auch hab es gern.
Und ich auch hab es gern.

Weil unsre Lieb ist immergrün,
Weil grün der Hoffnung Fernen blühn,
Drum haben wir es gern.
Drum haben wir es gern.

13. 라우테의 녹색 리본

"저 예쁜 녹색 리본이
벽에서- 빛이- 바래네.
내 좋아 하-는- 색--!
내 좋-아 하---는 색!"

그대의 그 말 생각나
이 리본을 보내오니,
즐기시라- 녹-색--!
즐기-시라--- 녹색!

난 흰 옷 입고 일하며
녹색을- 항상- 꿈꾸네.
내 좋아 하-는- 색--!
내 좋-아 하---는 색!

우리의 사랑 푸르고
또 희망도 푸르기에
녹색은 우-리- 색--
녹색-은 우---리 색.

Nun schlinge in die Locken dein
Das grüne Band gefällig ein,
Du hast ja's Grün so gern.
Du hast ja's Grün so gern.

Dann weiß ich, wo die Hoffnung wohnt,
Dann weiß ich, wo die Liebe thront,
Dann hab ich's Grün erst gern.
Dann hab ich's Grün erst gern.

그대의 예쁜 머리에
녹색 리-본 묶-으시라.
그 아름다-운- 색--.
그 아-름다---운 색.

내 희망 사랑 있는 곳
언제나 알려 주리니.
내 제일 좋-은- 색--.
내 제-일 좋---은 색.

14. Der Jäger

Was sucht denn der Jäger am Mühlbach hier?
Bleib, trotziger Jäger, in deinem Revier!
Hier gibt es kein Wild zu jagen für dich,
Hier wohnt nur ein Rehlein, ein zahmes, für mich,
Und willst du das zärtliche Rehlein sehn,
So laß deine Büchsen im Walde stehn,
Und laß deine klaffenden Hunde zu Haus,
Und laß auf dem Horne den Saus und Braus,
Und schere vom Kinne das struppige Haar,
Sonst scheut sich im Garten das Rehlein fürwahr.
Und schere vom Kinne das struppige Haar,
Sonst scheut sich im Garten das Rehlein fürwahr.

Doch besser, du bliebest im Walde dazu
Und ließest die Mühlen und Müller in Ruh.
Was taugen die Fischlein im grünen Gezweig?
Was will den das Eichhorn im bläulichen Teich?
Drum bleibe, du trotziger Jäger, im Hain,
Und laß mich mit meinen drei Rädern allein;

14. 사냥꾼

왜 냇가로 오나, 사냥꾼아?
네 사냥터 안에 머물지 않고!
여긴 너의 사-냥감이 없어.
내 귀여운 작은 사슴 하나뿐.
그 예쁜 사슴 보고 싶으면
네 총은 숲속에 두고 오라.
사냥개는 집에다 매어 두고.
뿔 나팔도 불어대지- 말고.
턱수염도 말끔히 깎고 오라.
내 사슴이 놀라서 뛰지 않게.
턱수염도 말끔히 깎고 오라.
내 사슴이 놀라서 뛰지 않게.

그러나 너 숲속에 머무르라.
이 물방앗간에 평화 있도록.
나무에서 물고기 어찌 살까?
연못에서 다람쥐 무얼 할까?
사냥꾼아, 숲속에 머무르라.
나 홀로 물방아와 있게 하라.

Und willst meinem Schätzchen dich machen beliebt,
So wisse, mein Freund, was ihr Herzchen betrübt:
Die Eber, die kommen zur Nacht aus dem Hain
Und brechen in ihren Kohlgarten ein
Und treten und wühlen herum in dem Feld:
Die Eber, die schieße, du Jägerheld!

내 사랑 그녀 마음 얻으려면
그녀 걱정 무언지 알아두라.
밤이면 숲속에서 뛰쳐나와
그녀의 마당에 들어와서
꽃밭을 짓밟는 멧돼지라네.
그 놈이나 잡게, 사냥꾼아!

15. Eifersucht und Stolz

Wohin so schnell, so kraus und wild,
  mein lieber Bach?
Eilst du voll Zorn dem frechen Bruder Jäger nach?
Kehr' um, kehr' um, und schilt erst deine Müllerin
Für ihren leichten, losen, kleinen Flattersinn.
Kehr' um, kehr' um, kehr' um!

Sahst du sie gestern abend nicht am Tore steh'n,
Mit langem Halse nach der großen Straße seh'n?
Wenn von dem Fang der Jäger lustig
  zieht nach Haus,
Da steckt kein sittsam Kind den Kopf
  zum Fenster'n aus.
Wenn von dem Fang der Jäger lustig
  zieht nach Haus,
Da steckt kein sittsam Kind den Kopf
  zum Fenster'n aus.

Geh, Bächlein, hin und sag' ihr das,

15. 질투와 자존심*

*"질투와 오만"으로도 번역된다.

달려가는 곳 어디냐,
 너 냇물아?
그 건방진 사냥꾼을 쫓아- 가나?
돌아오라, 그녀를 먼저 탓하라.
가볍고 변덕스런 그녀 마음을.
그만 돌아오라.

그녀가 어제 저녁 문 앞에 나와
큰 길을 바라보던 모습 보았지?
사냥꾼 즐겁게 집으로
 향할 때
창밖을 기웃거리던
 그 모습을.
사냥꾼 즐겁게 집으로
 향할 때
창밖을 기웃거리던
 그 모습을.

냇물아, 가서 말하라.

Geh, Bächlein, hin und sag' ihr das;
　Doch sag' ihr nicht,
Hörst du, kein Wort von meinem traurigen Gesicht.
Sag' ihr:
　Er schnitzt bei mir sich eine Pfeif' aus Rohr,
Und bläst den Kindern schöne Tänz' und Lieder vor!

Sag' ihr, sag' ihr:
　Er schnitzt bei mir sich eine Pfeif' aus Rohr
Sag' ihr, sag' ihr:
　Er bläst den Kindern schöne Tänz' und Lieder vor.
Sag' ihr's, sag' ihr's, sag' ihr's.

냇물아, 가서 말하라.
 그렇지만,
슬픈 모습 전하지는 말아다오.
다만,
 나 지금 풀피리 꺾어 들-고
아이들과 춤추며 노래한다-고,

다만, 다만
 나 지금 풀피리 꺾어 들고.
다만, 다만
 아이들과 춤추며 노래한-다고.
다만, 그런 말만!

16. Die liebe Farbe

In Grün will ich mich kleiden,
In grüne Tränenweiden:
Mein Schatz hat's Grün so gern.
Mein Schatz hat's Grün so gern.

Will suchen einen Zypressenhain,
Eine Heide von grünen Rosmarein:
Mein Schatz hat's Grün so gern.
Mein Schatz hat's Grün so gern.

Wohlauf zum fröhlichen Jagen!
Wohlauf durch Heid' und Hagen!
Mein Schatz hat's Jagen so gern.
Mein Schatz hat's Jagen so gern.

Das Wild, das ich jage, das ist der Tod;
Die Heide, die heiß ich die Liebesnot:
Mein Schatz hat's Jagen so gern.
Mein Schatz hat's Jagen so gern.

16. 사랑의 색*

*"좋아하는 색"으로도 번역된다.

녹색 옷을 입으리
푸른- 버들잎처럼.
그녀의 녹색을.
그녀의 녹-색을.

푸른 숲을 찾아서 가리
푸른 나무가 있는 벌판을.
그녀의 녹색을.
그녀의 녹-색을.

즐겁게 사냥 떠나리!
숲으-로 벌판으로!
그녀처럼 사냥을.
그녀처럼 사냥을.

죽음의 사냥을 가려하네.
고통의 벌판을 누비면서.
그녀처럼 사냥을.
그녀처럼 사냥을.

Grabt mir ein Grab im Wasen,
Deckt mich mit grünem Rasen:
Mein Schatz hat's Grün so gern.
Mein Schatz hat's Grün so gern.

Kein Kreuzlein schwarz, kein Blümlein bunt,
Grün, alles grün so rings und rund!
Mein Schatz hat's Grün so gern.
Mein Schatz hat's Grün so gern.

풀밭에 묻어주오.
녹색- 풀로 덮어서.
그녀의 색으로.
그녀의 색-으로.

십자가도- 꽃도 없이
꼭 녹색 풀잎만으로!
그녀의 색으로.
그녀의 색-으로.

17. Die böse Farbe

Ich möchte ziehn in die Welt hinaus,
Hinaus in die weite Welt;
Wenn's nur so grün, so grün nicht wär,
Da draußen in Wald und Feld!

Ich möchte die grünen Blätter all
Pflücken von jedem Zweig,
Ich möchte die grünen Gräser all
Weinen ganz totenbleich.
Weinen ganz totenbleich.

Ach Grün, du böse Farbe du,
Was siehst mich immer an
So stolz, so keck, so schadenfroh,
Mich armen, armen weißen Mann?

Ich möchte liegen vor ihrer Tür
In Sturm und Regen und Schnee.
Und singen ganz leise bei Tag und Nacht

17. 미움의 색*

*""나쁜 색" "싫은 색"으로도 번역된다.

이 땅을 벗-어나고 싶네
다른 먼 곳 찾-아-서.
녹색만 없는 곳이면
숲도 들판도 좋지!

가지마다 녹-색- 잎새를
모두 따 버리-리.
풀잎마다 색-깔- 바래게
눈물을 뗠구리-.
눈물을 뗠-구-리.

아 녹색, 미움의 색아,
왜 항상 그렇게
오만- 무례- 잔인하게
가엾은 나를 대하니?

그녀의 문- 앞에 누워서
비, 바람, 눈- 맞으며.
조용히 노래- 불러 전하리

Das eine Wörtchen: Ade!
Das eine Wörtchen: Ade!

Horch, wenn im Wald ein Jagdhorn schallt,
Da klingt ihr Fensterlein!
Und schaut sie auch nach mir nicht aus,
Darf ich doch schauen hinein.

O binde von der Stirn dir ab
Das grüne, grüne Band;
Das grüne, grüne Band;

Ade, ade! Und reiche mir
Zum Abschied deine Hand!
Ade, ade! Und reiche mir
Zum Abschied deine Hand!
Zum Abschied deine Hand!

단 한 마디 말, "안녕-!"
단 한 마-디- 말, "안-녕!"

숲에서 나팔을 불면
창문-에- 닿으리!
그녀는 날 못 보아도
난 그녀 바라보리.

오 그대 풀어 놓으라
그 녹색 리본을.
그 녹색 리본을.

안녕, 안녕! 나 떠날 때
손 흔들어-주-오!
안녕, 안녕! 나 떠날 때
손 흔들어주오-!
손 흔들-어-주-오!

18. Trockne Blumen

Ihr Blümlein alle, die sie mir gab,
Euch soll man legen mit mir ins Grab.
Wie seht ihr alle mich an so weh,
Als ob ihr wüßtet, wie mir gescheh?
Ihr Blümlein alle, wie welk, wie blaß?
Ihr Blümlein alle, wovon so naß?

Ach, Tränen machen nicht maiengrün,
Machen tote Liebe nicht wieder blühn.
Und Lenz wird kommen, und Winter wird gehn,
Und Blümlein werden im Grase stehn.
Und Blümlein liegen in meinem Grab,
Die Blümlein alle, die sie mir gab.

Und wenn sie wandelt am Hügel vorbei
Und denkt im Herzen: der meint' es treu!
Dann, Blümlein alle, heraus, heraus!
Der Mai ist kommen, der Winter ist aus.

18. 시든 꽃*

*"마른 꽃"으로도 번역된다.

그녀가 내게 준 꽃-들-아,
내 무덤에 함께 묻-히-라.
왜 모두 슬픈 표정-인-가,
알고 있는가, 내 일-들-을?
왜 모-두- 시-들고 창백한가?
왜 모-두- 눈-물에 젖었나?

아, 눈물은 봄의 녹-색-도
사랑도 살려내지 못-하-나
봄이 또 오-고 겨울-이 가-면
들판엔 꽃이 피어-나-리.
무덤-에- 놓-인 이 꽃들-도.
그녀-가- 내-게 준 꽃들도.

그녀가 이- 언덕길 지나며
내 진심 깨닫게 되는 날!
꽃들아, 모두 피어나라!
오월이 오고, 겨울 간 그 날.

Und wenn sie wandelt am Hügel vorbei
Und denkt im Herzen: der meint' es treu!
Dann, Blümlein alle, heraus, heraus!
Der Mai ist kommen, der Winter ist aus.
Dann, Blümlein alle, heraus, heraus!
Der Mai ist kommen, der Winter ist aus.

그녀가 이- 언덕길 지나며
내 진심 깨닫게 되는 날!
꽃들아, 모두 피어나라!
오월이 오고, 겨울 간 그 날.
꽃들아, 모두 피어나라!
오월이 오고, 겨울 간 그 날.

19. Der Müller und der Bach

Der Müller:
Wo ein treues Herze in Liebe vergeht,
Da welken die Lilien auf jedem Beet;
Da muß in die Wolken der Vollmond gehn,
Damit seine Tränen die Menschen nicht sehn;
Da halten die Englein die Augen sich zu
Und schluchzen und singen die Seele zur Ruh.

Der Bach:
Und wenn sich die Liebe dem Schmerz entringt,
Ein Sternlein, ein neues, am Himmel erblinkt;
Ein Sternlein, ein neues, am Himmel erblinkt;
Da springen drei Rosen, halb rot und halb weiß,
Die welken nicht wieder, aus Dornenreis.
Und die Engelein schneiden die Flügel sich ab
Und gehn alle Morgen zur Erde herab.
Und gehn alle Morgen zur Erde herab.

19. 물방아꾼과 시냇물*

물방아꾼:
진실한 사랑-이 헛되이 끝나면
꽃밭에선 백-합이 시---들-고.
보름달은 구-름 속에- 숨-어
눈물조차 볼- 수 없게- 된-다-네.
천사들도 모-두 두 눈-을 감고
슬피 노래하-리, 안식---을 빌며.

시냇물:
사랑이 고통-을 넘어- 서-면
하늘엔 새로-운 별이- 빛-나-고
하늘엔 새로-운 별이--- 빛나고
가시나무 끝-엔 시들-지- 않-을-
붉고 흰 장미-꽃 피어---나-리-.
또 천사들은 모-두 날개-를 접-고
아침마다 땅-으로 내-려-오리.
아침마다 땅-으로 내---려오리.

아름다운 물방앗간 아가씨

Der Müller:

Ach Bächlein, liebes Bächlein, du meinst es so gut:
Ach Bächlein, aber weißt du, wie Liebe tut?
Ach unten, da unten, die kühle Ruh!
Ach Bächlein, liebes Bächlein, so singe nur zu.
Ach Bächlein, liebes Bächlein, so singe nur zu.

물방아꾼:
아 냇물, 내 사랑-아, 그 말- 좋다만
아 냇물, 네가 알-련, 사랑---의 길?
아 저기, 저 밑-에 안식- 있-네!
아 냇물, 내 사랑-아, 노래-해- 다-오.
아 냇물, 내 사랑-아, 노래-해- 다-오.

20. Des Baches Wiegenlied

Gute Ruh, gute Ruh! Tu die Augen zu!
Gute Ruh, gute Ruh! Tu die Augen zu!
Wandrer, du müder, du bist zu Haus.
Die Treu' ist hier, sollst liegen bei mir,
Die Treu' ist hier, sollst liegen bei mir,
Bis das Meer will trinken die Bächlein aus.
Bis das Meer will trinken die Bächlein aus.

Will betten dich kühl auf weichem Pfühl
Will betten dich kühl auf weichem Pfühl
In dem blauen kristallenen Kämmerlein.
Heran, heran, was wiegen kann,
Heran, heran, was wiegen kann,
Woget und wieget den Knaben mir ein!
Woget und wieget den Knaben mir ein!

Wenn ein Jagdhorn schallt aus dem grünen Wald,
Wenn ein Jagdhorn schallt aus dem grünen Wald,
Will ich sausen und brausen wohl um dich her..

20. 시냇물의 자장가

쉬어라, 편안히! 두 눈을 감고!
쉬어라, 편안히! 두 눈을- 감-고!!
힘든 방랑-길 끝났으-니
모-두 잊-고 내 품-에 오라.
모-두 잊-고 내 품-에 오라.
바다로- 너를- 데려가-리니.
바다로- 너를- 데려가리-니.

포근한 자리에 뉘어 주리.
포근한 자리에 뉘어- 주-리.
푸른- 물-빛의 조그만 방 안에.
이-리 오-라, 요정-들-아.
이-리 오-라, 요정-들-아.
내 아기 흔-들어 재워다오!
내 아기 흔-들어 재워다오!

사냥꾼 나-팔 소리 들리면
사냥꾼 나-팔 소리 들-리-면
시냇물 소리로- 너를 감싸-리.

Blickt nicht herein, blaue Blümelein!
Blickt nicht herein, blaue Blümelein!
Ihr macht meinem Schläfer die Träume so schwer.
Ihr macht meinem Schläfer die Träume so schwer.

Hinweg, hinweg, von dem Mühlensteg.
Hinweg, hinweg, böses Mägdelein,
Daß ihn dein Schatten, dein Schatten nicht weckt!
Wirf mir herein dein Tüchlein fein,
Wirf mir herein dein Tüchlein fein,
Daß ich die Augen ihm halte bedeckt!
Daß ich die Augen ihm halte bedeckt!

Gute Nacht, gute Nacht! Bis alles wacht,
Gute Nacht, gute Nacht! Bis alles wacht,
Schlaf aus deine Freude, schlaf aus dein Leid!
Der Vollmond steigt, der Nebel weicht,
Der Vollmond steigt, der Nebel weicht,
Und der Himmel da oben, wie ist er so weit!
Und der Himmel da oben, wie ist er so weit!

저리 가라, 파란 꽃-들-아!
저리 가라, 파란 꽃-들-아!
잠든 아기 꿈- 잘 꿀 수 있도록.
잠든 아기 꿈- 잘 꿀 수 있도록.

물-러 서-라, 시냇가에서.
물-러 서-라, 미운 여-인-아.
네 발소리-에 잠 깨지 않게!
이리 다오, 네 손-수-건.
이리 다오, 네 손-수-건.
그의 두 눈-을 가려 주리니.
그의 두 눈-을 가려 주리니.

잘 자라, 잘 자라! 오래 오래.
잘 자라, 잘 자라! 오래- 오-래.
네 기쁨과 슬-픔 모두 벗-고!
보-름날- 밤, 안개- 걷-혀
보-름날- 밤, 안개- 걷-혀
저 하늘 그 얼마-나 넓은 곳인가!
저 하늘 그 얼마-나 넓은 곳인가!

아름다운 물방앗간 아가씨

겨울 나그네
Winterreise

빌헬름 뮐러 시
곽명규 옮김

빌헬름 뮐러 　　　프란츠 슈베르트

겨울 나그네
Winterreise

　<겨울 나그네>(D.911, Op.89)는 <아름다운 물방앗간 아가씨>보다 4년 뒤에 작곡된 슈베르트의 두 번째 연가곡으로서 빌헬름 뮐러의 연작시 <겨울 여행(Die Winterreise)>에 수록된 24편의 시에 붙여졌다.
　연작시 <겨울 여행>이 1823년 출판되던 때에는 12편의 시가 수록되어 있었는데, 그 다음해에 12편이 추가된 총 24편의 종합판이 다시 간행되었다. 슈베르트는 1823년판을 텍스트로 하여 1827년 2월에 연가곡 12곡을 완성한 뒤, 나중에 종합판을 입수하여 1827년 10월에 나머지를 마저 작곡했다. 다만, 뮐러는 종합판에서 전체 24편을 하나로 합쳐 새로운 순서로 재배열했음에 비해, 슈베르트는 이미 작곡된 12곡을 제1권으로 묶어 놓고, 추가분 12편으로 제2권을 만들었다. 이때 22번 곡 '용기!'와 23번 곡 '환일幻日(환상의 태양)'만은 슈베르트에 의해 앞뒤가 바뀌었다.
　제1권 12곡은 1828년 1월에 먼저 출간되었고, 제2권 12곡은 슈베르트가 직접 교정을 보다가 그해 11월 19일에 타계한 뒤, 12월 말에 추가로 출간되었다.
　<겨울여행>의 전체적인 내용은 이러하다.
　한 청년이 나그네로 머물던 집의 딸과 서로 사랑하였으나 그녀의 마음이 변함으로써 그 집을 떠나게 된다. 겨울

날, 밤중에, 작별인사도 못하고, 목적지도 없이, 도망치듯이 떠난 방랑길에서, 나그네는 실연의 괴로움과 그리움을 이기지 못하고 죽을 곳을 찾아 헤매게 된다. 그러나 마침내 묘지에 이르러서도 죽지 못하자 용기를 되찾게 되고, 얼어붙은 길거리에서 묵묵히 손풍금(Leier)을 연주하는 노인을 만나 함께 노래하며 동행하게 된다.

음악적으로 <겨울 나그네>는 피아노 연주부의 중요성이 강조되고 있어, "반주가 있는 노래"라기보다는 "피아노와 성악의 이중주"로서 두 연주의 결합으로 하나의 시를 표현한다는 특징을 갖고 있다.

슈베르트가 친구 프란츠 쇼버(Franz Adolf Friedrich von Schober, 1796-1882)의 집에 친지들을 초대해 이 연가곡 전곡을 들려주었을 때, 모두들 작품의 우울한 분위기에 상당한 충격을 받았다고 하며, 그 뒤에 친구인 바리톤 요한 포글(Johann Michael von Vogl, 1768-1840)의 연주로 슈베르트 생전에 공식 발표되었다.

프란츠 쇼버   요한 포글

1. Gute Nacht!

Fremd bin ich eingezogen,
Fremd zieh' ich wieder aus.
Der Mai war mir gewogen
Mit manchem Blumenstrauß.
Das Mädchen sprach von Liebe,
Die Mutter gar von Eh', -
Das Mädchen sprach von Liebe,
Die Mutter gar von Eh', -
Nun ist die Welt so trübe,
Der Weg gehüllt in Schnee.
Nun ist die Welt so trübe,
Der Weg gehüllt in Schnee.

Ich kann zu meiner Reisen
Nicht wählen mit der Zeit,
Muß selbst den Weg mir weisen
In dieser Dunkelheit.
Es zieht ein Mondenschatten
Als mein Gefährte mit,

1. 안녕히!*

*"밤인사"로 번역되기도 한다.

나 홀로 왔던 이- 길
또 홀로 떠-나-네.
꿈 같던 지난 오-월
꽃 만발했-던- 때
그녀와 약속했었지
사랑-의 앞날-을.
그녀와 약속했었지
사랑-의 앞날을.
이젠 캄캄한 세-상
눈-에 덮인 길-뿐.
이젠 캄캄한 세-상
눈-에 덮인 길뿐.

떠나는 시간마-저
택할 수 없-다-네.
더듬어 가야 하-네
이 어두운- 밤-길.
달빛에 그림자-만
내 뒤-를 따르-리.

Es zieht ein Mondenschatten
Als mein Gefährte mit,
Und auf den weißen Matten
Such' ich des Wildes Tritt.
Und auf den weißen Matten
Such' ich des Wildes Tritt.

Was soll ich länger weilen,
Daß man mich trieb hinaus?
Laß irre Hunde heulen
Vor ihres Herren Haus;
Die Liebe liebt das Wandern.
- Gott hat sie so gemacht.
Von einem zu dem andern.
- Gott hat sie so gemacht.
Die Liebe liebt das Wandern.
Fein Liebchen, gute Nacht!
Von einem zu dem andern.
Fein Liebchen, gute Nacht!

달빛에 그림자-만
내 뒤-를 따르리.
길 없는 벌판 가-리
발-자국 찾으-며.
길 없는 벌판 가-리
발-자국 찾으며.

더 머물 까닭 있-나,
반기는- 이 없-이?
개들도 짖어 대-며
내 등을- 떠미-네.
사랑은 떠도는- 것,
하느-님 뜻이-니.
사랑은 변하는- 것,
하느-님 뜻이니.
사랑은 떠도는- 것,
내 님아 안녕히!
사랑은 변하는- 것,
내 님아 안녕히!

Will dich im Traum nicht stören,
Wär schad' um deine Ruh'
Sollst meinen Tritt nicht hören -
Sacht, sacht die Türe zu!
Schreib' im Vorübergehen
An's Tor dir : Gute Nacht,
Damit du mögest sehen,
An dich hab' ich gedacht.
Schreib' im Vorübergehen
An's Tor dir : Gute Nacht,
Damit du mögest sehen,
An dich hab' ich gedacht.
An dich hab' ich gedacht.

그대 꿈 깨지 않-게
조용히 떠-나-네.
발소리 내지 않-고
살며시 문- 닫-네.
문틈에 쪽지- 남-겨
"안녕-히!"라 하-리.
그대가 쪽지- 읽-고
내 사랑 알도록.
문틈에 쪽지 남-겨
"안녕히!"라 하리.
그대가 쪽지 읽-고
내 사랑 알도록.
내 사랑 알도록.

2. Die Wetterfahne

Der Wind spielt mit der Wetterfahne
Auf meines schönen Liebchens Haus.
Da dacht ich schon in meinem Wahne,
Sie pfiff den armen Flüchtling aus.

Er hätt' es eher bemerken sollen,
Des Hauses aufgestecktes Schild,
So hätt' er nimmer suchen wollen
Im Haus ein treues Frauenbild.

Der Wind spielt drinnen mit den Herzen
Wie auf dem Dach, nur nicht so laut.
Was fragen sie nach meinen Schmerzen?
Ihr Kind ist eine reiche Braut.

Der Wind spielt drinnen mit den Herzen
Wie auf dem Dach, nur nicht so laut.
Was fragen sie nach meinen Schmerzen?
Was fragen sie nach meinen Schmerzen?
Ihr Kind ist eine reiche Braut.

2. 풍향기(風向旗)*

*"풍신기" 또는 "풍향계"로 번역되기도 한다.

풍향-기 바-람에- 날리네
내 님-의 집- 가리-키며.
쓸쓸히 떠나는 나그네
비웃-는 웃-음 띄-운 채.

내 어- 찌 일찍 알지- 못 했나
저 큰- 깃발- 걸린--- 뜻-을.
진실-한 사-랑 찾---는- 사람
머물- 곳, 저- 집 아-님을.

내 맘-도 바-람에- 날리-며
흐느끼네.... 소리- 없이.
내 아픔 물어 무엇 하나?
행복-한 신---부- 둔 그들.

내 맘-도 바-람에- 날리-며
흐느끼네.... 소리- 없이.
내 아픔 물어 무엇 하나?
내 아픔 물어 무엇 하나?
행복-한 신---부- 둔 그들.

3. Gefrorne Tränen

Gefrorne Tropfen fallen
Von meinen Wangen ab:
Ob es mir denn entgangen,
Daß ich geweinet hab'?
Daß ich geweinet hab'?

Ei Tränen, meine Tränen,
Und seid ihr gar so lau,
Daß ihr erstarrt zu Eise
Wie kühler Morgentau?

Und dringt doch aus der Quelle
Der Brust so glühend heiß,
Als wolltet ihr zerschmelzen
Des ganzen Winters Eis!
Des ganzen Winters Eis!

Ihr dringt doch aus der Quelle
Der Brust so glühend heiß,

3. 얼어버린 눈물*

*"얼어붙은 눈물"로도 번역된다.

차가운- 얼음방울
뺨- 위를- 구르네.
나도 모르는 새--에
울고 있-었던가?
울고- 있-었던가?

아, 눈물, 내 눈물아,
너 그리도 쉽게
얼음으로 굳었니,
새벽이슬처럼?

가슴에- 남아 있-는-
뜨거-운- 눈물아,
모두- 녹여버려-라
온 세상- 얼음-을!
온 세-상- 얼음을!

가슴에- 남아 있-는-
뜨-거-운- 눈물아,

Als wolltet ihr zerschmelzen
Des ganzen Winters Eis!
Des ganzen Winters Eis!

모두- 녹여버려-라
온 세상- 얼음-을!
온 세상- 얼음을!

4. Erstarrung

Ich such' im Schnee vergebens
Nach ihrer Tritte Spur,
Wo sie an meinem Arme
Durchstrich die grüne Flur.
Ich such' im Schnee vergebens
Nach ihrer Tritte Spur,
Wo sie an meinem Arme
Durchstrich die grüne Flur.

Ich will den Boden küssen,
Durchdringen Eis und Schnee
Mit meinen heißen Tränen,
Bis ich die Erde, die Erde seh'.
Ich will den Boden küssen,
Durchdringen Eis und Schnee
Mit meinen heißen Tränen,
Bis ich die Erde, die Erde seh'.

Wo find' ich eine Blüte,

4. 결빙*

*"동결"로도 번역되고 있다.

눈 속 헤매며 찾네
그녀의 발자국-
손잡고- 거닐-었던-
그- 푸른 풀밭을-
눈 속 헤매-며 찾네
그녀의 발-자국
손잡고 거닐었-던
그 푸른- 풀밭을.

엎드려 입 맞추리.
얼음 덮-인 눈길
내 뜨...거운 눈물-로
녹여, 찾으리, 찾아내리.
엎드려 입 맞추리,
얼음 덮인 눈길
내 뜨...거운 눈물-로
녹여, 찾으리, 찾아내리.

꽃은 어디로 갔나?

Wo find' ich grünes Gras?
Die Blumen sind erstorben
Der Rasen sieht so blaß.
Die Blumen sind erstorben
Der Rasen sieht so blaß.
Wo find' ich eine Blüte,
Wo find' ich grünes Gras?

Soll denn kein Angedenken
Ich nehmen mit von hier?
Wenn meine Schmerzen schweigen,
Wer sagt mir dann von ihr?
Soll denn kein Angedenken
Ich nehmen mit von hier?
Wenn meine Schmerzen schweigen,
Wer sagt mir dann von ihr?

Mein Herz ist wie erstorben,
Kalt starrt ihr Bild darin;

푸르던 풀들은-?
꽃들은 떨어지-고
풀들은 말랐네.
꽃들은 떨어지-고
풀들은 말랐네.
꽃은 어디로 갔나?
푸르던 풀들은-?

한 송이 추억조차
가져갈 수 없나-?
이 아픔- 멈춘- 뒤엔-
누-구에게 묻나-?
한 송이 추-억조차
가져 갈 수- 없나?
이 아픔 멈춘 뒤-엔
누구에-게 묻나?

내 가슴 깊은 속에
얼어 붙-은 그녀.

Schmilzt je das Herz mir wieder,
Fließt auch ihr Bild, ihr Bild dahin!
Mein Herz ist wie erstorben,
Kalt starrt ihr Bild darin;
Schmilzt je das Herz mir wieder,
Fließt auch ihr Bild, ihr Bild dahin!
Ihr Bild dahin!

봄이... 오면 녹을-까
그녀 모습-, 그녀 모습!
내 가슴 깊은 속에
얼어 붙은 그녀.
봄이... 오면 녹을-까
그녀 모습-, 그녀 모습!
그녀- 모습!

5. Der Lindenbaum

Am Brunnen vor dem Tore
Da steht ein Lindenbaum;
Ich träumt in seinem Schatten
So manchen süßen Traum.

Ich schnitt in seine Rinde
So manches liebe Wort;
Es zog in Freud' und Leide
Zu ihm mich immer fort.

Ich mußt' auch heute wandern
Vorbei in tiefer Nacht,
Da hab' ich noch im Dunkel
Die Augen zugemacht.

Und seine Zweige rauschten,
Als riefen sie mir zu:
Komm her zu mir, Geselle,
Hier find'st du deine Ruh'!

5. 보리수*

*첫 두 줄은 기존 번역을 그대로 인용했음.

성문 앞 우물곁에
서 있는 보-리수,
그 그늘 아래 앉아
단 꿈 꾸었-었네.

나무에 사랑의- 말
가득 새겨 놓고
기쁠 때나 슬플- 때
늘 찾-아 갔었네.

나 오늘 한 밤 중에
먼 길 떠나- 올 때
캄캄한 나무 밑을
눈 감고 지-났네.

나무는 속삭였-네
날 위로하는 듯:
이리 오게, 친구-여,
이리- 와 쉬게나!

Die kalten Winde bliesen
Mir grad ins Angesicht;
Der Hut flog mir vom Kopfe,
Ich wendete mich nicht.

Nun bin ich manche Stunde
Entfernt von jenem Ort,
Und immer hör' ich's rauschen:
Du fändest Ruhe dort!

Nun bin ich manche Stunde
Entfernt von jenem Ort,
Und immer hör' ich's rauschen:
Du fändest Ruhe dort!
Du fändest Ruhe dort!

찬바람 휘몰아-쳐
얼굴을 때리고
모자까지 벗겨도
안 돌아섰다네.

이젠 멀리 떠나와
보이지 않-지만
지금도 날 부르네.
거기 와 쉬-라네!

이젠 멀리 떠나-와
보이지 않지만
지금도 날 부르-네.
거기- 와 쉬라네!
거기- 와 쉬-라네!

6. Wasserflut

Manche Trän' aus meinen Augen
Ist gefallen in den Schnee;
Seine kalten Flocken saugen
Durstig ein das heiße Weh.
Durstig ein das heiße Weh.

Wenn die Gräser sprossen wollen
Weht daher ein lauer Wind,
Und das Eis zerspringt in Schollen
Und der weiche Schnee zerrinnt.
Und der weiche Schnee zerrinnt.

Schnee, du weißt von meinem Sehnen,
Sag : Wohin doch geht dein Lauf?
Folge nach nur meinen Tränen,
Nimmt dich bald das Bächlein auf.
Nimmt dich bald das Bächlein auf.

Wirst mit ihm die Stadt durchziehen,

6. 눈물의 홍수*

*"홍수" 또는 "넘치는 눈물"로도 번역된다.

흘-러 넘친 내- 눈물이
쏟아지네, 눈- 위에.
찬- 눈 속에 빨-려 드네
뜨-거운 내 슬-픔이--
뜨-거운- 내 슬-픔이.

풀-잎 돋-아 나-올 때-면
따-순 바-람 불-어 와
얼-음 덮-인 땅-도 녹-고
쌓-인 눈-도 녹-겠지
쌓-인 눈-도 녹-겠지.

너- 흰 눈아, 내- 맘 알 듯
네 갈 길도 알-겠지?
내- 눈물만 따-라 가면
시-냇물 만나-리니--
시-냇물- 만나-리니

냇-물 타-고 마-을 찾아가

Munt're Straßen ein und aus;
Fühlst du meine Tränen glühen,
Da ist meiner Liebsten Haus.
Da ist meiner Liebsten Haus.

거-리 거-리 돌-다가
내- 눈물-이 끓-을 때-면
내- 님 집-인 줄- 알라
내- 님 집-인 줄- 알라.

7. Auf dem Flusse

Der du so lustig rauschtest,
Du heller, wilder Fluß,
Wie still bist du geworden,
Gibst keinen Scheidegruß.

Mit harter, starrer Rinde
Hast du dich überdeckt,
Liegst kalt und unbeweglich
Im Sande ausgestreckt

In deine Decke grab' ich
Mit einem spitzen Stein
Den Namen meiner Liebsten
Und Stund' und Tag hinein:

Den Tag des ersten Grußes,
Den Tag, an dem ich ging;
Um Nam' und Zahlen windet
Sich ein zerbroch'ner Ring.

7. 냇물 위에*

*"냇가에서"로 번역하기도 한다.

즐겁게 속삭이던
너 밝은 냇물아,
아무 말도 없구나,
작별- 인-사마저.

두껍고 질긴 껍-질
온 몸에 휘감고
차갑게 웅크린 채
모래-에- 묻혔나.

내 너의 얼음판에
또렷이 새-기-리-.
내 사랑 그녀 이-름
또 시-간과 날-짜,

만남과 또 작별의
날짜를 새-긴- 뒤-
둥근 띠를 두르-리
깨진- 반-지처럼!

Mein Herz, in diesem Bache
Erkennst du nun dein Bild?
Ob's unter seiner Rinde
Wohl auch so reißend schwillt?
Ob's wohl auch so reißend schwillt?

Mein Herz, in diesem Bache
Erkennst du nun dein Bild?
Ob's unter seiner Rinde
Wohl auch so reißend schwillt?
Ob's wohl auch so reißend schwillt?
Ob's wohl auch so reißend schwillt?

마음아, 이 냇물 속에
네 모-습- 보이냐?
얼음 밑에 엎드려
몸부림을 치는-?
몸부림-치-고 있는?

마음아, 이 냇물 속에
네 모-습- 보이냐?
얼음 밑에 엎드려
몸부림을 치는-?
몸부림-치-고 있는?
몸부림-치-고 있는?

8. Rückblick

Es brennt mir unter beiden Sohlen,
Tret' ich auch schon auf Eis und Schnee,
Ich möcht' nicht wieder Atem holen,
Bis ich nicht mehr die Türme seh'.

Hab' mich an jeden Stein gestoßen,
So eilt' ich zu der Stadt hinaus;
Die Krähen warfen Bäll' und Schloßen
Auf meinen Hut von jedem Haus.
Die Krähen warfen Bäll' und Schloßen
Auf meinen Hut von jedem Haus.

Wie anders hast du mich empfangen,
Du Stadt der Unbeständigkeit!
An deinen blanken Fenstern sangen
Die Lerch' und Nachtigall im Streit.

Die runden Lindenbäume blühten,
Die klaren Rinnen rauschten hell,

8. 회상*

*"회고"로도 번역된다.

두 발 밑 불처럼 뜨겁네
얼음 덮인 눈길에서.
숨 한 번 안 쉬고 달리네
그 마을 벗어나도록.

돌부리 차고 넘어지며
서둘러 뛰쳐나왔네.
까마귀마저 지붕에서
눈덩이 내게 던졌네.
까마귀마저 지붕에서
눈덩이 내게 던졌네.

어쩌면 그리 달라졌니
너 변덕장이 마을아!
창밖엔 온갖 새들 모여
즐거이 노래 불렀고

보리수 가지엔 꽃 피고
냇물은 재잘거렸고

Und ach, zwei Mädchenaugen glühten.
Da war's gescheh'n um dich, Gesell!
Und ach, zwei Mädchenaugen glühten.
Da war's gescheh'n um dich, Gesell!

Kommt mir der Tag in die Gedanken,
Möcht' ich noch einmal rückwärts seh'n,
Möcht' ich zurücke wieder wanken,
Vor ihrem Hause stille steh'n.

Kommt mir der Tag in die Gedanken,
Möcht' ich noch einmal rückwärts seh'n,
Möcht' ich zurücke wieder wanken,
Vor ihrem Hause stille steh'n.
Möcht' ich zurücke wieder wanken,
Vor ihrem Hause stille steh'n.
Vor ihrem Hause stille steh'n.

아아, 그녀 눈도 빛났고
좋았던 때였지, 친구!
아아, 그녀 눈도 빛났고
좋았던 때였지, 친구!

그때 모습 눈앞에 어려
꼭 한 번 가 보고 싶네.
꿈속인 듯 서 있고 싶네
조용히 그녀 집 앞에.

그때 모습 눈앞에 어려
꼭 한 번 가보고 싶네.
꿈속인 듯 서 있고 싶네
조용히 그녀 집 앞에.
꿈속인 듯 서 있고 싶네
조용...히 그녀 집 앞에
조용-히 그-녀 집 앞에.

9. Irrlicht

In die tiefsten Felsengründe
Lockte mich ein Irrlicht hin:
Wie ich einen Ausgang finde,
Liegt nicht schwer mir in dem Sinn.
Liegt nicht schwer mir in dem Sinn.

Bin gewohnt das Irregehen,
's führt ja jeder Weg zum Ziel:
Uns're Freuden, uns're Wehen,
Alles eines Irrlichts Spiel!
Alles eines Irrlichts Spiel!

Durch des Bergstroms trock'ne Rinnen
Wind' ich ruhig mich hinab,
Jeder Strom wird's Meer gewinnen,
Jedes Leiden auch sein Grab.
Jeder Strom wird's Meer gewinnen,
Jedes Leiden auch sein Grab.

9. 도깨비불

깊은 산속 바윗골에
도깨비불 번쩍이네.
나아갈 길 찾을 일엔
마음 두지 않으리.
마-음- 두-지- 않-으리.

길- 잃-는 게 나-그-네 일.
어딘가엔 닿-겠지.
우리 기쁨, 슬픔 모두
도깨비불 같은 것!
도-깨-비-불- 같-은 것!

산골 냇물 마른 자-취
내 갈 길 알려주네.
시냇물- 바-다-로- 가듯
슬-픔은- 무-덤-으로.
시냇물- 바-다-로- 가듯
슬-품은- 무-덤-으-로.

10. Rast

Nun merk' ich erst, wie müd' ich bin,
Da ich zur Ruh' mich lege:
Das Wandern hielt mich munter hin
Auf unwirtbarem Wege.

Die Füße frugen nicht nach Rast,
Es war zu kalt zum Stehen;
Der Rücken fühlte keine Last,
Der Sturm half fort mich wehen.
Der Rücken fühlte keine Last,
Der Sturm half fort mich wehen.

In eines Köhlers engem Haus
Hab' Obdach ich gefunden;
Doch meine Glieder ruh'n nicht aus:
So brennen ihre Wunden.

Auch du, mein Herz, in Kampf und Sturm
So wild und so verwegen,

10. 휴식

나 지쳤음을 알겠네
이제 누워 쉬-려니.
방랑이 마음 편했네
외로운 길이었지만.

걸음 멈출 일 없었네
차가운 눈길에서.
짐 무-거-운- 줄- 몰-랐-네
폭풍-이- 밀-어-줘서.
짐 무-거-운- 줄- 몰-랐-네
폭풍-이- 밀-어-줘서.

이 숲속 오두막집에
내 몸 뉘여-졌-지만
맘 편히 쉬지 못하네
온몸 상처 타-올라.

내 맘아, 너 폭풍 앞엔
굳건히 맞섰지만

Fühlst in der Still' erst deinen Wurm
Mit heißem Stich sich regen!
Fühlst in der Still' erst deinen Wurm
Mit heißem Stich sich regen!

이 고-요- 어-찌- 견-디-리
불 바-늘-로- 찌-르-니!
이 고-요- 어-찌- 견-디-리
불 바-늘-로- 찌-르니!

11. Frühlingstraum

Ich träumte von bunten Blumen,
So wie sie wohl blühen im Mai;
Ich träumte von grünen Wiesen,
Von lustigem Vogelgeschrei.
Von lustigem Vogelgeschrei.

Und als die Hähne krähten,
Da ward mein Auge wach;
Da war es kalt und finster,
Es schrien die Raben vom Dach.
Da war es kalt und finster,
Es schrien die Raben vom Dach.

Doch an den Fensterscheiben,
Wer malte die Blätter da?
Doch an den Fensterscheiben,
Wer malte die Blätter da?
Ihr lacht wohl über den Träumer,
Der Blumen im Winter sah?

11. 봄의 꿈

꿈속에서 꽃 보았네
아름다운 오월의 꽃.
푸른 풀밭 위-에 누-워
새들 노래 들었다네--
새---들 노래 들었다네.

갑자기 닭소리에
내 눈이 떠-졌네.
차가운 지붕에서
까마귀 울고 있었네.
차가운 지붕에서
까마귀 울고 있었네.

누가 저 유리창에
하얀- 잎을 그-렸-나?
누가- 저 유리창에
하얀- 잎을 그렸나?
내 꿈-을 비웃고 있나
겨울에 꾼 꽃 꿈을?

Der Blumen im Winter sah?

Ich träumte von Lieb' um Liebe,
Von einer schönen Maid,
Von Herzen und von Küssen,
Von Wonne und Seligkeit.
Von Wonne und Seligkeit.

Und als die Hähne kräten,
Da ward mein Herze wach;
Nun sitz ich hier alleine
Und denke dem Traume nach.
Nun sitz ich hier alleine
Und denke dem Traume nach.

Die Augen schließ' ich wieder,
Noch schlägt das Herz so warm.
Die Augen schließ' ich wieder,
Noch schlägt das Herz so warm.

겨울에 꾼 꽃 꿈을?

꿈속에서 님 보았네
어여-쁜 그-녀를.
껴안-고 입-맞췄-네
터질듯 황홀-하게--
터---질듯 황홀-하게.

갑자기 닭소리에
나 놀라 깨-었네.
쓸쓸히 홀로 앉아
그 꿈을 생각하네.
쓸쓸히 홀로 앉아
그 꿈을 생각하네.

눈 다시 감아 보네
내 가-슴 또- 뛰-네.
눈 다-시 감아 보네
내 가-슴 또 뛰네.

Wann grünt ihr Blätter am Fenster?
Wann halt' ich mein Liebchen im Arm?
Wann halt' ich mein Liebchen im Arm?

저 잎-새 언제 푸르러
그녀 안아 볼 수 있나?
그녀 안아 볼 수 있나?

12. Einsamkeit

Wie eine trübe Wolke
Durch heit're Lüfte geht,
Wenn1 in der Tanne Wipfel
Ein mattes Lüftchen weht:

So zieh ich meine Straße
Dahin mit trägem Fuß,
Durch helles, frohes Leben,
Einsam und ohne Gruß.

Ach, daß die Luft so ruhig!
Ach, daß die Welt so licht!
Als noch die Stürme tobten,
War ich so elend, so elend nicht.

Ach, daß die Luft so ruhig!
Ach, daß die Welt so licht!
Als noch die Stürme tobten,
War ich so elend, so elend nicht.

12. 고독

외로운 구-름- 하나
하늘-에 떠- 가-듯
전나무 가-지- 끝에
실바-람 스-치-듯

내 길을 걸-어- 왔-네
느-린 걸-음으로.
즐-겁던 날-들- 지-나
쓸-쓸히- 나 홀로.

아, 평온한 저- 하늘!
아, 밝은 저 햇-빛-!
폭풍우 몰아칠 땐
나 비참한 줄 몰랐었네.

아, 평온한 저- 하늘!
아, 밝은 저 햇-빛-!
폭풍우 몰아칠 땐
나 비참한 줄 몰랐었네.

13. Die Post

Von der Straße her ein Posthorn klingt.
Was hat es, daß es so hoch aufspringt, mein Herz?
Was hat es, daß es so hoch aufspringt, mein Herz?
mein Herz?

Die Post bringt keinen Brief für dich.
Was drängst du denn so wunderlich, mein Herz?
mein Herz?
Die Post bringt keinen Brief für dich, mein Herz?
mein Herz,
Was drängst du denn so wunderlich, mein Herz?
mein Herz?

Nun ja, die Post kommt aus der Stadt,
Wo ich ein liebes Liebchen hatt', mein Herz!
Wo ich ein liebes Liebchen hatt', mein Herz!
mein Herz!

Willst wohl einmal hinüberseh'n

13. 우편마차

우편 마차 나팔 소리에
왜 이렇게 두근거리나, 내 맘?
왜 이렇게 두근거리나, 내- 맘-?
내- 맘?

내게 올 편지 없-는데
왜 이-렇게도 설-레나, 내 맘?
내 맘?
내게 올 편지 없는데, 내 맘-?
내 맘-?
왜 이렇게도 설레나, 내 맘-?
내 맘?

마차가 떠나 온 마을
거기 내 님-이 있기에, 내 맘!
거기 내 님-이 있기에, 내-맘-!
내- 맘!

마을로 한번 돌-아가

Und fragen, wie es dort mag geh'n, mein Herz?
mein Herz?
Willst wohl einmal hinüberseh'n, mein Herz?
mein Herz?
Und fragen, wie es dort mag geh'n, mein Herz?
mein Herz?

님 소-식 듣고 싶기에, 내 맘?
내 맘?
마을로 한번 돌아가, 내 맘-?
내 맘-?
님 소식 듣고 싶기에, 내 맘-?
내 맘?

14. Die greise Kopf

Der Reif hatt' einen weißen Schein
Mir übers Haar gestreuet;
Da glaubt ich schon ein Greis zu sein
Und hab' mich sehr gefreuet.

Doch bald ist er hinweggetaut,
Hab' wieder schwarze Haare,
Daß mir's vor meiner Jugend graut,
Wie weit noch bis zur Bahre!
Wie weit noch bis zur Bahre!

Vom Abendrot zum Morgenlicht
Ward mancher Kopf zum Greise.
Wer glaubt's und meiner ward es nicht
Auf dieser ganzen Reise!
Auf dieser ganzen Reise!

14. 은발*

*"백발"로 번역하기도 한다.

밤새 서리가 내렸네
내 머-리 카~-락 위~-에.
은발 노인이 된 것을
행운-이라- 여겼-네.

그러나 서리가 녹아
내 머리 돌-아왔네.
내 젊음 몸서리 나네.
죽음 아직 멀다-네!
죽음 아직 멀다-네!

검은 머리 하루 만에
하얗-게 센~-다던~-데
왜 안 변하나, 내 머리,
이 오-랜 방-랑길에!
이 오-랜 방-랑길에!

15. Die Krähe

Eine Krähe war mit mir
Aus der Stadt gezogen,
Ist bis heute für und für
Um mein Haupt geflogen.

Krähe, wunderliches Tier,
Willst mich nicht verlassen?
Meinst wohl, bald als Beute hier
Meinen Leib zu fassen?

Nun, es wird nicht weit mehr geh'n
An dem Wanderstabe.
Krähe, laß mich endlich seh'n,
Treue bis zum Grabe!
Krähe, laß mich endlich seh'n,
Treue bis zum Grabe!

15. 까마귀

저 까마귀 날 쫓아
마을 떠나 왔-네.
오늘도 변함없이
머리 위를 도네.

까마귀, 알 수 없는 놈,
날 안 떠날 거냐?
내 몸, 너의 먹이로
갖고 싶은 거냐?

멀리 갈 힘 없으니,
지팡이 짚은- 몸.
새야, 끝까지 가자
무덤 찾기까...지!
새야, 끝까지 가자
무덤 찾기까...지!

16. Letzte Hoffnung

Hie und da ist an den Bäumen
Manches bunte Blatt zu seh'n,
Und ich bleibe vor den Bäumen
Oftmals in Gedanken steh'n.

Schaue nach dem einen Blatte,
Hänge meine Hoffnung dran;
Spielt der Wind mit meinem Blatte,
Zitt'r' ich, was ich zittern kann.

Ach, und fällt das Blatt zu Boden,
Fällt mit ihm die Hoffnung ab;
Fall' ich selber mit zu Boden,
Wein', wein' auf meiner Hoffnung Grab.
Wein', wein' auf meiner Hoffnung Grab.

16. 마지막 희망

여기저기 가지 끝에
잎새 아직 남았네.
나무 앞에 마주 서서
생각에 빠져 드네.

잎새 하나 눈에 들어
내- 희망 얹어 보네.
그 잎새에 바람 일면
몹시 내 맘 떨리네.

아, 그 잎새 떨어지니
희망 또한 떨어져,
나도 함께 떨어지네
울-며 울며, 희망의 무-덤에-.
울-며- 울며, 희망의 무-덤에.

17. Im Dorfe

Es bellen die Hunde, es rascheln die Ketten;
Es schlafen die Menschen in ihren Betten,
Träumen sich manches, was sie nicht haben,
Tun sich im Guten und Argen erlaben;
Und morgen früh ist alles zerflossen.

Je nun, je nun sie haben ihr Teil genossen
Und hoffen, und hoffen, was sie noch übrig ließen,
Doch wieder zu finden, doch wieder zu finden
Auf ihren Kissen.

Bellt mich nur fort, ihr wachen Hunde,
Laßt mich nicht ruh'n in der Schlummerstunde!
Ich bin zu Ende mit allen Träumen.
Was will ich unter den Schläfern säumen?
Ich bin zu Ende mit allen Träumen.
Was will ich unter den Schläfern säumen?

17. 마을에서*

> *"동네에서"로도 번역된다.

개들 몹시 짖네, 사슬 쩔렁이며.
사람들은 곤히 잠들어 있네.
못 다한 일들 꿈속에 펼쳐
좋은 일, 나쁜 일, 모두 이루네.
아침이 오면 잊혀질 일들.

바로 지금, 즐거운 꿈 꾸고 난 뒤
아쉬워, 아쉬워, 그 꿈-의 발자국을
다시- 찾아보네, 다시- 찾아보네
베개- 위에서.

더 짖어라, 못된 개들아,
나 잠시 쉬며 눈 못 붙이게!
내 모든 꿈이 다 끝-난 지금
잠잘 곳 얻어서 무엇 하랴?
내 모든 꿈이 다 끝-난- 지금
잠잘 곳 얻어서 무엇 하....랴?

18. Der stürmische Morgen

Wie hat der Sturm zerrissen
Des Himmels graues Kleid!
Die Wolkenfetzen flattern
Umher im matten Streit.
Umher im matten Streit.

Und rote Feuerflammen
Zieh'n zwischen ihnen hin;
Das nenn' ich einen Morgen
So recht nach meinem Sinn!

Mein Herz sieht an dem Himmel
Gemalt sein eig'nes Bild--
Es ist nichts als der Winter,
Es ist nichts als der Winter,
Der Winter, kalt und wild!

18. 폭풍의 아침

하늘의 회-색- 장막
폭풍에 찢겼네!
구름은 부-서-지며
멀리 흩어지네.
멀리 흩어지네.

번갯불 번-쩍-이며
구-름을 뒤쫓-네.
이것이 아-침-일세
내 맘에 꼭 맞는!

하늘에 그-려- 있네
내 맘의 초상화.
겨울의 모습일세
겨울의 모습일세
거칠고 찬 겨울!

19. Täuschung

Ein Licht tanzt freundlich vor mir her,
Ich folg' ihm nach die Kreuz und Quer;

Ich folg' ihm gern und seh's ihm an,
Daß es verlockt den Wandersmann.

Ach! wer wie ich so elend ist,
Gibt gern sich hin der bunten List,

Die hinter Eis und Nacht und Graus
Ihm weist ein helles, warmes Haus.

Und eine liebe Seele drin. -
Nur Täuschung ist für mich Gewinn!

19. 환상*

*"환영"으로 번역되기도 한다.

춤추는 고운 불-빛을-
이리저리- 따라가네.

보는 것만도 즐-거워-
나그네 매-혹되-었네.

아! 비참에 빠진 사람,
고운- 빛에 속는-다네.

무섭고 추운 밤 너머
밝고 따뜻한 집-- 한 채-.

사랑하는- 사람의 집,
환상 아니-면 못- 보리!

20. Der Wegweiser

Was vermeid' ich denn die Wege,
Wo die ander'n Wand'rer gehn,
Suche mir versteckte Stege
Durch verschneite Felsenhöh'n?
Suche mir versteckte Stege
Durch verschneite Felsenhöh'n?
Durch Felsenhöh'n?

Habe ja doch nichts begangen,
Daß ich Menschen sollte scheu'n,
Daß ich Menschen sollte scheu'n,
Welch ein törichtes Verlangen
Treibt mich in die Wüstenei'n?
Treibt mich in die Wüstenei'n?

Weiser stehen auf den Strassen
Weisen auf die Städte zu,
Und ich wand're sonder Maßen
Ohne Ruh' und suche Ruh'.

20. 이정표

난 왜 큰 길 버려두고
인적 없는 길 가나?
숨어 있는 산속 길로
눈 덮인 바윗새로-?
숨어 있는 산-속- 길로
눈 덮인- 바-윗새로-?
바-윗새로?

잘못한 일 하나 없이
사람들을 피하며
사람들을 피하며
어떤 헛된 소망 있어
황무지를 떠도나-?
황무지를 떠도나?

길거리의 이정표는
마을 쪽 가리켜도
나는 가네, 쉬지 않고
내 쉴 곳 또 찾아서.

Und ich wand're sonder Maßen
Ohne Ruh' und suche Ruh'.
Und suche Ruh'.

Einen Weiser seh' ich stehen
Unverrückt vor meinem Blick;
Eine Straße muß ich gehen,
Eine Straße muß ich gehen,
Die noch keiner ging zurück.

Einen Weiser seh' ich stehen
Unverrückt vor meinem Blick;
Eine Straße muß ich gehen,
Die noch keiner ging zurück.
Die noch keiner ging zurück.

나는 가네, 쉬-지- 않고
내 쉴 곳 또 찾아서
또 찾아서.

또렷한 이정표 하나
눈앞에 그려 있네.
한 길로만 가야 하네
한 길로만 가야 하네.
돌아온 이- 없는 길.

또렷한 이정표 하나
눈앞에 그려 있네.
한 길로만 가야 하네
돌아온- 이- 없는 길.
돌 아 온 이 없 는 길.

21. Das Wirtshaus

Auf einen Totenacker hat mich mein Weg gebracht;
Allhier will ich einkehren, hab' ich bei mir gedacht.

Ihr grünen Totenkränze könnt wohl die Zeichen sein,
Die müde Wand'rer laden ins kühle Wirtshaus ein.

Sind denn in diesem Hause die Kammern all' besetzt?
Bin matt zum Niedersinken, bin tödlich schwer verletzt.

O unbarmherz'ge Schenke, doch weisest du mich ab?
Nun weiter denn, nur weiter, mein treuer Wanderstab!
Nun weiter denn, nur weiter, mein treuer Wanderstab!

21. 여인숙

묘지 앞에 닿았네, 떠돌던 내 발길.
머물 곳 찾았-노라, 혼자 기뻐했네.

무덤 앞 화환들도 날 환영해 줬네.
지친 나그네- 쉴 곳, 바로 여기였네.

아니 이 큰 집 안에 빈 방이 없다니!
쓰러질 것 같은데, 죽을 듯 아픈데.

오, 무정한 여인숙, 날 내쫓는구나!
가자, 그럼, 조-금 더, 나의 지팡이야!
가자, 그럼, 조-금 더, 나의 지팡-이-야!

22. Mut!

Fliegt der Schnee mir ins Gesicht,
Schüttl' ich ihn herunter.
Wenn mein Herz im Busen spricht,
Sing' ich hell und munter.

Höre nicht, was es mir sagt,
Habe keine Ohren;
Fühle nicht, was es mir klagt,
Klagen ist für Toren.

Lustig in die Welt hinein
Gegen Wind und Wetter!
Will kein Gott auf Erden sein,
Sind wir selber Götter!

Lustig in die Welt hinein
Gegen Wind und Wetter!
Will kein Gott auf Erden sein,
Sind wir selber Götter!

22. 용기!

얼굴-에 날아든 눈
흔들어- 털-듯이
가슴-에 맺힌 말은
노래로- 녹-이네.

안 듣-네, 가슴의 말.
들을 귀-가- 없네.
탄식-도 못 느끼네
바보 같-은- 탄식.

세상살이- 즐겁게
폭-풍- 앞-에-서도!
이 세상 주-인인 듯
하느님-이- 된 듯!

세상살이- 즐겁게
폭-풍- 앞-에-서도!
이 세상 주-인인 듯
하느-님-이- 된 듯!

23. Die Nebensonnen

Drei Sonnen sah ich am Himmel steh'n,
Hab' lang und fest sie angeseh'n;

Und sie auch standen da so stier,
Als wolten sie nicht weg von mir.

Ach, meine Sonnen seid ihr nicht!
Schaut Andern doch ins Angesicht!

Ja, neulich hatt' ich auch wohl drei;
Nun sind hinab die besten zwei.

Ging nur die dritt' erst hinterdrein!
Im Dunkeln wird mir wohler sein.

23. 환일(幻日 환상의 태양)*

*"幻日"은 특이한 반사로 태양이 여럿 보이는 현상이다.

하늘 끝에 태양 세 개가
나지막이 떠올랐네.

꼼짝 않고 내 눈앞에
오래도록- 머물었네.

아, 내 태양들 아-니지!
다른 사람 찾아가 봐!

내게 있던 태양 셋 중
둘은 이제 지고 없어.

남은 것도 곧 졌으면!
난 어둠이- 더 편하니.

24. Der Leiermann

Drüben hinterm Dorfe steht ein Leiermann
Und mit starren Fingern dreht er, was er kann.

Barfuß auf dem Eise wankt er hin und her
Und sein kleiner Teller bleibt ihm immer leer.
Und sein kleiner Teller bleibt ihm immer leer.

Keiner mag ihn hören, keiner sieht ihn an,
Und die Hunde knurren um den alten Mann.

Und er läßt es gehen alles, wie es will,
Dreht und seine Leier steht ihm nimmer still.
Dreht und seine Leier steht ihm nimmer still.

Wunderlicher Alter, soll ich mit dir geh'n?
Willst zu meinen Liedern deine Leier dreh'n?

24. 라이어 연주자*

*"거리의 악사"로 흔히 의역되고 있다.

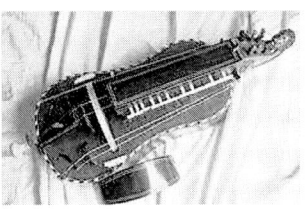

라이어

마을 뒤쪽 길에 서 있는 악사
곱은 손끝으로 라이어를 타네.

맨발로 얼음길, 뒤뚱거려도
작은 동전 접시 빈 채로 있네.
작은 동전 접시 빈 채로 있네.

듣는 이, 보는 이, 아무도 없고
개들만 노인을 쫓으며 짖네.

노인은 모든 일 마음 안 쓰고
쉬임없이 라이어 연주만 하네.
쉬임없이 라이어 연주만 하네.

알 수 없는 노인, 함께 가리-까?
내 노래에 맞춰 라이어 타겠소?

백조의 노래
Schwanengesang

시 : 루트비히 렐스탑
하인리히 하이네
요한 가브리엘 자이들

옮김 : 곽명규

루트비히 렐스탑　　하인리히 하이네　　요한 G. 자이들

백조의 노래
Schwanengesang

　슈베르트가 말년에 작곡한 가곡 14편이 수록된 가곡집 <백조의 노래>(D.957)는 그가 타계한 다음해인 1829년에 출판되었다. 슈베르트 자신이 생전에 출판을 계획했던 13곡과, 그의 사후에 출판사 측에서 추가한 '우편 비둘기'가 포함되어 있다.
　1번부터 7번까지의 7개 곡은 가곡집의 제1권으로서 루트비히 렐스탑(Ludwig Rellstab, 1799~1860)의 시에 붙여졌다. 시인이며 음악평론가였던 렐스탑은 베토벤의 월광 소나타에 "월광"이라는 별명을 처음 붙인 사람으로도 알려져 있다.
　제2권인 8번부터 13번까지의 6개 곡은 하이네(Heinrich Heine, 1797-1856)의 시집 <노래책(Buch der Lieder)>의 제3부 <귀향(Die Heimkehr)>에 수록된 시편들을 텍스트로 하고 있다. 모두가 주옥같은 곡들이지만 특히 끝의 세 곡은 다른 가곡에서 보기 어려운 경이로운 반주와 어우러져 강렬한 환상과 전율을 일으킨다. 하이네의 시집에서는 앞쪽에 있던 이들 세 곡을 슈베르트가 뒤쪽으로 옮긴 까닭은 밝혀지지 않았지만, 혹 이 곡들의 뛰어난 음악적 특성을 돋보이게 하려는 생각이 있지 않았을까 추측된다.
　끝 곡인 '우편 비둘기'는 요한 자이들(Johann G. Seidl,

1804-1875)의 시에 붙여졌다. 자이들은 옛 오스트리아제국의 국가를 작시(작곡은 하이든)했던 시인이다.

'우편 비둘기'는 약 650곡에 이르는 슈베르트의 가곡 중 최후의 작품으로 알려져 있는데, 바로 그 때문에 이 가곡집에 추가되었으며, 같은 이유로 가곡집의 제목 또한 <백조의 노래>라고 명명된 것으로 보인다. 이는 백조가 평생 소리를 내지 않다가 죽을 때 단 한 번만 노래를 부른다는 전설에 따른 것이었다. 이 곡은 죽음을 앞둔 마지막 작품이라고 생각하기 어려울 정도로 흥겹고 경쾌하며 어린아이처럼 밝고 순진해서 역설적으로 <백조의 노래>라는 말에 더 어울린다.

'우편 비둘기'는 음악가에 따라서는 다른 13곡과 분리돼야 한다고 여겨지기도 한다. 슈베르트의 작품 전체에 대해 연대순으로 번호를 매긴 오토 도이취(Otto Erich Deutsch, 1883-1967)도 이 곡에 대해 <백조의 노래> 전체 작품에 부여한 도이취 번호를 적용(D.957/14)하면서도 동시에 독립 번호 D.965a를 병기하고 있다.

오토 도이취

1. Liebesbotschaft

Rauschendes Bächlein, so silbern und hell,
Eilst zur Geliebten so munter und schnell?
Ach, trautes Bächlein, mein Bote sei du;
Bringe die Grüße des Fernen ihr zu.

All ihre Blumen, im Garten gepflegt,
Die sie so lieblich am Busen trägt,
Und ihre Rosen in purpurner Glut,
Bächlein, erquicke mit kühlender Flut.
Und ihre Rosen in purpurner Glut,
Bächlein, erquicke mit kühlender Flut.

Wenn sie am Ufer, in Träume versenkt,
Meiner gedenkend das Köpfchen hängt,
Tröste die Süße mit freundlichem Blick,
Denn der Geliebte kehrt bald zurück.
Tröste die Süße mit freundlichem Blick,
Denn der Geliebte kehrt bald zurück.

1. 사랑의 전령

냇물아, 졸졸 노래 부르며
내 님 있는 곳 향해 가느냐?
아, 다정한 너, 내 전령 되어
그녀에게 내 말 전해 다오.

마당 가득히 꽃 피-어나면
그녀 가슴에 곱게- 달-게
장미꽃 모-두 활짝 피도록-
냇-물아, 네-가 보살-펴 다오.
장미꽃 모-두 활짝 피도록-
냇-물아, 네-가 보살-펴 다오.

냇가에 앉-아 꿈꾸던 그녀,
내 생각 나-서 눈을 뜰 때
다정히 그녀 위로-해 다오-.
나 그녀 찾아- 곧 가리니
다정히 그녀 위로해 다오-
나 그녀 찾아- 곧 가리-니.

Neigt sich die Sonne mit rötlichem Schein,
Wiege das Liebchen in Schlummer ein.
Rausche sie murmelnd in süße Ruh,
Flüstre ihr Träume der Liebe zu.
Flüstre ihr Träume der Liebe zu.

해가 기울어 노을이 지면
자장노래를 불러주고
속삭여 다오, 달콤-하-게
사랑의 꿈에 젖어들게
사랑의 꿈-에 젖어-들-게.

2. Kriegers Ahnung

In tiefer Ruh liegt um mich her
Der Waffenbrüder Kreis;
Mir ist das Herz so bang und schwer,
So bang und schwer,
Von Sehnsucht mir so heiß.
Von Sehnsucht mir so heiß.

 Wie hab ich oft so süß geträumt
An ihrem Busen warm!
An ihrem Busen warm!
Wie freundlich schien des Herdes Glut,
Lag sie in meinem Arm!
Lag sie in meinem Arm!

Hier, wo der Flammen düst'rer Schein
Ach! nur auf Waffen spielt,
Hier fühlt die Brust sich ganz allein,
Hier fühlt die Brust sich ganz allein,

2. 병정의 예감

깊은 잠에 빠져 있는
전우들 곁에서
두려움에 짓눌린 채
짓눌린 채
그리움 타 올~라,
그리-움 타 올라.

꿈에 안아 본 그녀의-
따뜻했던 가슴!
따뜻했던 가슴!
열정의 불꽃 태우며-
내 품에 안겼던!
내 품에 안겼던!

이젠 어두운 불빛만
아, 총구를 비춰,
가슴 속엔 깊은 고독
가슴 속엔 깊은 고독

Der Wehmut Träne quillt.
Der Wehmut Träne quillt.

Herz! Daß der Trost dich nicht verläßt!
Daß der Trost dich nicht verläßt!
Es ruft noch manche Schlacht.
Bald ruh ich wohl und schlafe fest,
Herzliebste, gute Nacht!
Herzliebste, gute Nacht!

Herz! Daß der Trost dich nicht verläßt!
Daß der Trost dich nicht verläßt!
Es ruft noch manche Schlacht.
Bald ruh ich wohl und schlafe fest,
Herzliebste, gute Nacht!
Herzliebste, gute Nacht!
Herzliebste, gute Nacht!

괴로-운- 눈-물뿐
괴로운 눈물뿐.

마음아, 네게 위안 있-으리!
네게 위안 있-으리!
전투 다가옴에
깊-은- 잠을- 청-하---리니-.
사랑아, 안녕히!
사랑아, 안-녕히

마음아, 네게 위안 있-으리!
네게 위안 있-으리!
전투 다가옴에
깊-은- 잠을- 청-하--리니-.
사랑아, 안녕히!
사랑아, 안녕히!
사랑아, 안녕히!

3. Frühlingssehnsucht

Säuselnde Lüfte wehend so mild
Blumiger Düfte atmend erfüllt!
Säuselnde Lüfte wehend so mild
Blumiger Düfte atmend erfüllt!
Wie haucht ihr mich wonnig begrüßend an!
Wie habt ihr dem pochenden Herzen getan?
Es möchte euch folgen auf luftiger Bahn!
Es möchte euch folgen auf luftiger Bahn!
Wohin? Wohin?

Bächlein, so munter rauschend zumal,
Wollen hinunter silbern ins Tal.
Bächlein, so munter rauschend zumal,
Wollen hinunter silbern ins Tal.
Die schwebende Welle, dort eilt sie dahin!
Tief spiegeln sich Fluren und Himmel darin.
Was ziehst du mich, sehnend verlangender Sinn,
Was ziehst du mich, sehnend verlangender Sinn,
Hinab? Hinab?

3. 봄의 동경

부드런 바람 불어 오네.
꽃향기 가득 전해 주네!
부드런 바람 불어 오네-
꽃향기 가득 전해 주네-!
그녀의 다정한 인사-인가!
왜 이리 내 마음 두근거리나?
바람 부는 곳으로 가라는 듯!
바람 부는 곳으로 가라는 듯!
어디? 어디-?

냇물은 명랑하게 흘러,
골짜기 찾아 내려가네.
냇물은 명랑하게 흘러-
골짜기 찾아 내려가네-.
부드러운 물결이 굽이치네!
들판도 하늘도 물에 비치네.
내 그리운 마음도 함께 가네
내 그리운 마음도 함께 가네,
저기? 저기-?

Grüßender Sonne spielendes Gold,
Hoffende Wonne bringest du hold!
Grüßender Sonne spielendes Gold,
Hoffende Wonne bringest du hold!
Wie labt mich dein selig begrüßendes Bild!
Es lächelt am tiefblauen Himmel so mild
Und hat mir das Auge mit Tränen gefüllt!
Und hat mir das Auge mit Tränen gefüllt!
Warum? Warum?

Grünend umkränzet Wälder und Höh',
Schimmernd erglänzet Blütenschnee!
Grünend umkränzet Wälder und Höh'!
Schimmernd erglänzet Blütenschnee!
So dränget sich alles zum bräutlichen Licht;
Es schwellen die Keime, die Knospe bricht;
Sie haben gefunden, was ihnen gebricht,
Sie haben gefunden, was ihnen gebricht:
Und du? Und du?

황금빛 태양 반짝이며
희망과 기쁨 가져오네!
황금빛 태양 반짝이며-
희망과 기쁨 가져오네-!
밝은 모습 내 맘을 위로하네!
푸른 하늘 위에서 웃음 지며
내 눈 속에 눈물을 채운다네
내 눈 속에 눈물을 채운다네!
어찌? 어찌-?

산과 들 푸른 빛 띠었네!
꽃처럼 반짝 빛나네!
산과 들 푸른 빛 띠었네-!
꽃처럼 반짝 빛나네-!
봄빛 따라 모두들 끌려가네.
봉오리는 피고, 새 싹 트고.
이제는 이뤘네, 그의 소망을
이제는 이뤘네, 그의 소망을.
너는? 너는-?

Rastloses Sehnen! Wünschendes Herz,
Immer nur Tränen, Klage und Schmerz?
Rastloses Sehnen! Wünschendes Herz,
Immer nur Tränen, Klage und Schmerz?
Auch ich bin mir schwellender Triebe bewußt!
Wer stillet mir endlich die drängende Lust?
Nur du befreist den Lenz in der Brust,
Nur du befreist den Lenz in der Brust,
Nur du! Nur du!

쉼 없는 갈망, 그리움에
언제나 울며 한숨짓나?
쉼 없는 갈망, 그리움에-
언제나 울며 한숨짓나-?
알고 있나, 소망은 부푸는 것!
누구라서 이 갈망 잠재우리?
설레는- 내 맘 달랠 사람
설레는 내 맘 달랠 사람
너뿐! 너뿐!

4. Ständchen

Leise flehen meine Lieder
Durch die Nacht zu dir;
In den stillen Hain hernieder,
Liebchen, komm zu mir!

Flüsternd schlanke Wipfel rauschen
In des Mondes Licht;
In des Mondes Licht;
Des Verräters feindlich Lauschen
Fürchte, Holde, nicht.
Fürchte, Holde, nicht.

Hörst die Nachtigallen schlagen?
Ach! sie flehen dich,
Mit der Töne süßen Klagen
Flehen sie für mich.

Sie verstehn des Busens Sehnen,
Kennen Liebesschmerz,

4. 세레나데

나-지막이 노-래하네
그대 창-밖에.
조-용한 이 숲-속으로
그대여- 오라!

나뭇잎도 속삭이네
달-빛 아래서
달-빛 아래서.
누가 몰래 엿들을까
두-려워 마오.
두-려워 마오.

들-리는가, 저- 새 소리?
아, 애원-하네.
달-콤한 그 목-소리로
나를 대-신해.

알고 있네, 이 그리움
사-랑의 아픔

Kennen Liebesschmerz,
Rühren mit den Silbertönen
Jedes weiche Herz.
Jedes weiche Herz.

Laß auch dir die Brust bewegen,
Liebchen, höre mich!
Bebend harr' ich dir entgegen!
Komm, beglücke mich!
Komm, beglücke mich!
Beglücke mich!

사-랑의 아픔.
다정하게 위로하네.
여-린 마음을.
여-린 마음을.

가슴 깊은 감동으로
그대, 들으라!
맘 졸이-며 기다리리!
나-에게 오라!
나-에게 오라!
내게 오라!

5. Aufenthalt

Rauschender Strom, brausender Wald,
Starrender Fels, mein Aufenthalt.
Rauschender Strom, brausender Wald,
Starrender Fels, mein Aufenthalt.

Wie sich die Welle an Welle reiht,
Fließen die Tränen mir ewig erneut.
Fließen die Tränen mir ewig, ewig erneut.
Fließen die Tränen mir ewig erneut.

Hoch in den Kronen wogend sich's regt,
So unaufhörlich mein Herze schlägt.
Hoch in den Kronen wogend sich's regt,
So unaufhörlich mein Herze schlägt.
So unaufhörlich mein Herze schlägt.

Und wie des Felsen uraltes Erz,
Ewig derselbe bleibet mein Schmerz.
Ewig derselbe bleibet, bleibet mein Schmerz.

5. 머물 곳

*"쉴 곳" "거처"로 번역되기도 한다.

흐르는 물, 우짖는 숲
찬 바위가 내 머물 곳.
흐르는 물- 우짖는 숲-
찬 바위가 내 머물 곳.

물결을 따라 물결 일 듯
끝없는 눈물 솟아오르네.
끝없는 눈물 솟고 솟아오르네.
끝없는 눈물 솟아오르네.

나뭇가지 끝- 흔들리듯
끝없이 뛰네, 내 가-슴도.
나뭇가지 끝 흔들리듯
끝없이 뛰네, 내 가-슴도
끝없이 뛰네, 내 가----슴도.

철광석처럼 오래도록
변하지 않는 이 괴로움.
변하지 않는 나의 이 괴로움,

Ewig derselbe bleibet mein Schmerz.

Rauschender Strom, brausender Wald,
Starrender Fels, mein Aufenthalt.
Rauschender Strom, brausender Wald,
Starrender Fels,
Rauschender Strom, brausender Wald,
Mein Aufenthalt.

변하지 않는 이 괴로움.

흐르는 물, 우짖는 숲,
찬 바위가 내 머물 곳.
흐르는 물- 우짖는 숲-
찬 바위가,
거센 물결, 우짖는 숲이
내 머-물- 곳.

6. In der Ferne

Wehe dem Fliehenden,
Welt hinaus ziehenden!
Fremde durchmessenden,
Heimat vergessenden,
Mutterhaus hassenden,
Freunde verlassenden
Folget kein Segen, ach!
Auf ihren Wegen nach!
Auf ihren Wegen nach!

Herze, das sehnende,
Auge, das tränende,
Sehnsucht, nie endende,
Heimwärts sich wendende!
Busen, der wallende,
Klage, verhallende,
Abendstern, blinkender,
Hoffnungslos sinkender!
Hoffnungslos sinkender!

6. 먼 곳에서

괴로운 도피자,
세상을 등지는!
타향을 떠도는
고향집을 버린
가족마저 잃은
친구도 다 떠난
축복도 없는, 아!
외로-이- 가는 자!
외로이 가는 자!

마음은 타는-데
두 눈은 젖는데
그리움 솟는데
고향-집- 생각에!
가슴은 끓는데
한숨 넘치는데
별빛 반짝이다
힘없-이- 꺼지네!
힘없이- 꺼지네!

Lüfte, ihr säuselnden,
Wellen sanft kräuselnden,
Sonnenstrahl, eilender,
Nirgend verweilender:
Die mir mit Schmerze, ach!
Dies treue Herze brach -
Grüßt von dem Fliehenden,
Welt hinaus ziehenden!
Welt hinaus ziehenden!

Lüfte, ihr säuselnden,
Wellen sanft kräuselnden,
Sonnenstrahl, eilender,
Nirgend verweilender:
Die mir mit Schmerze, ach!
Dies treue Herze brach -
Grüßt von dem Fliehenden,
Welt hinaus ziehenden!
Welt hinaus ziehendern!

바람 스친 곳엔
물결이 남는데
쏟아진 햇볕은
머물-지-도 않네.
괴로움 준 이여!
내 맘 부서졌네.
내 소식 들으련,
세상 등졌다는!
세상 등-졌다는!

바람 스친 곳엔
물결이 남-는데
쏟아진 햇볕은
머물지도- 않네.
괴로움 준 이여
내 맘 부서졌네.
내 소식 들으련,
세상 등졌-다는!
세상- 등-졌....다는!

7. Abschied

Ade! du muntre, du fröhliche Stadt, ade!
Schon scharret mein Rößlein mit lustigen Fuß;
Jetzt nimm noch den letzten, den scheidenden Gruß.
Du hast mich wohl niemals noch traurig gesehn,
So kann es auch jetzt nicht beim Abschied geschehn.
So kann es auch jetzt nicht beim Abschied geschehn.
Ade! du muntre, du fröhliche Stadt, ade!

Ade, ihr Bäume, ihr Gärten so grün, ade!
Nun reit ich am silbernen Strome entlang.
Weit schallend ertönet mein Abschiedsgesang;
Nie habt ihr ein trauriges Lied gehört,
So wird euch auch keines beim Scheiden beschert!
So wird euch auch keines beim Scheiden beschert!
Ade, ihr Bäume, ihr Gärten so grün, ade!

Ade, ihr freundlichen Mägdlein dort, ade!
Was schaut ihr aus blumenumduftetem Haus
Mit schelmischen, lockenden Blicken heraus?

7. 고별*

*"작별"이나 "이별"로 번역하기도 한다.

안녕! 즐겁게 지낸 마을아, 안녕!
경쾌한 말발굽 소리 들으며
마지막 인사 남기며 떠나네.
슬픈 얼굴을 보인 적 없으니
기쁜 표정만 지으며 떠나리.
기쁜 표정만 지으며 떠나리.
안녕! 즐겁게 지낸 마을아, 안녕!

안녕! 푸른 정원과 나무들, 안녕!
은빛 시냇물 따라서 달리네.
작별의 노래- 저 멀리 울리며.
슬픈 노래는 부른 적 없으니
기쁜 곡조만 남기며 떠나리.
기쁜 곡조만 남기며 떠나리.
안녕! 푸른 정원과 나무들, 안녕!

안녕! 다정했던 아가씨들, 안녕!
아름다운 꽃 가득 핀 집에서
왜 유혹하는 눈으로 날 보나?

Wie sonst, so grüß ich und schaue mich um,
Doch nimmer wend ich mein Rößlein um.
Doch nimmer wend ich mein Rößlein um.
Ade, ihr freundlichen Mägdlein dort, ade!

Ade, liebe Sonne, so gehst du zur Ruh, ade!
Nun schimmert der blinkenden Sterne Gold.
Wie bin ich euch Sternlein am Himmel so hold;
Durchziehn wir die Welt auch weit und breit,
Ihr gebt überall uns das treue Geleit.
Ihr gebt überall uns das treue Geleit.
Ade, liebe Sonne, so gehst du zur Ruh, ade!

Ade! du schimmerndes Fensterlein hell, ade!
Du glänzest so traulich mit dämmerndem Schein
Und ladest so freundlich ins Hüttchen uns ein.
Vorüber, ach, ritt ich so manches Mal,
Und wär es denn heute zum letzten Mal?
Und wär es denn heute zum letzten Mal?

어찌 모른 체 할 수 있으랴.
그래-도 멈추진 않으리.
그래-도 멈추진 않으리.
안녕! 다정했던 아가씨들, 안녕!

안녕! 태양아, 너 이제 쉬어라, 안녕!
금빛 별들이 반짝거리-리.
별들은 언제-나 다정했었지.
세상 끝까지 어디든-지
함께 친구가 되어 다녔었지.
함께 친구가 되어 다녔었지.
안녕! 태양아, 너 이제 쉬어라, 안녕!

안녕! 불 켜진 작은 창문아, 안녕!
희미한 불빛 정겹게 보이네
들어오라고 손짓을 하는 듯.
저 너머, 아, 말달려 다닌 곳
오늘이 마지막이 되려나?
오늘이 마지막이 되려나?

백조의 노래

Ade! du schimmerndes Fensterlein hell, ade!

Ade, ihr Sterne, verhüllet euch grau! Ade!
Des Fensterlein trübes, verschimmerndes Licht
Ersetzt ihr unzähligen Sterne mir nicht,
Darf ich hier nicht weilen, muß hier vorbei,
Was hilft es, folgt ihr mir noch so treu!
Darf ich hier nicht weilen, muß hier vorbei,
Was hilft es, folgt ihr mir noch so treu!
Ade, ihr Sterne, verhüllet euch grau! Ade!

안녕! 불 켜진 작은 창문아, 안녕!

안녕! 별들아, 베일 내려라, 안녕!
깜빡이는 창, 희미한 등불을
별들이 밝혀-줄 수 없으리니.
머물 수- 없는 곳, 떠나- 가네.
내 뒤를 따라 무엇 하리!
머물 수- 없는 곳, 떠나- 가네,
내 뒤를 따라 무엇하리!
안녕! 별들아, 베일 내려라, 안녕!

8. Der Atlas

Ich unglücksel'ger Atlas!
Ich unglücksel'ger Atlas!
Eine Welt,
Die ganze Welt der Schmerzen muß ich tragen.
Die ganze Welt muß ich tragen,

Ich trage Unerträgliches,
Und brechen will mir das Herz im Leibe.

Du stolzes Herz, du hast es ja gewollt!
Du wolltest glücklich sein, unendlich glücklich,
Oder unendlich elend, unendlich elend, stolzes Herz,
Und jetzo bist du elend!

Ich unglücksel'ger Atlas!
Ich unglücksel'ger Atlas!
Die ganze Welt der Schmerzen muß ich tragen,
Die ganze Welt muß ich tragen,,
Die ganze Welt der Schmerzen muß ich tragen.

8. 아틀라스*

*그리스 신화에서 세상을 떠받치는 거인

난 운이 없는 아틀라스!
난 운이 없는 아틀라스!
온 세상,
괴로운 온 세상을 져야 하네.
온 세상을 져야 하네.

못 견딜 무거운 짐에
내 가슴 터지고 말 것 같네.

오만에 차, 너 원한다 했지!
행운을 원했지, 끝없는- 행운.
또는 심한 불운-을, 심한 불운-을, 그 오만!
이제 불운이 왔군!

난 운이 없는 아틀라스!
난 운이 없는 아틀라스!
괴로운 온 세상을 져야 하네.
온 세상을 져야 하네.
괴로운 온 세상을 져야 하네!

9. Ihr Bild

Ich stand in dunkeln Träumen
Und starrt' ihr Bildnis an,
Und das geliebte Antlitz
Heimlich zu leben begann.

Um ihre Lippen zog sich
Ein Lächeln wunderbar,
Und wie von Wehmutstränen
Erglänzte ihr Augenpaar.

Auch meine Tränen flossen
Mir von den Wangen herab --
Und ach, ich kann es nicht glauben,
Daß ich dich verloren hab!

9. 그녀 모습*

*"그녀의 초상"으로도 번역된다.

어두운 꿈길 가다
그녀 마주쳤네.
사랑스런 옛 모습
조금씩 살아났네.

그 입가에 어렸네
신비로운 미소.
눈물을 머-금-은 듯
두 눈은 반짝~-였-네.

내 눈에 눈물 넘쳐
뺨을 타고 흘렀네.
아아, 믿을 수 없어라
나 그대 잃-었음을!

10. Das Fischermädchen

Du schönes Fischermädchen,
Treibe den Kahn ans Land;
Komm zu mir und setze dich nieder,
Wir kosen Hand in Hand.
Komm zu mir und setze dich nieder,
Wir kosen Hand in Hand.
Wir kosen Hand in Hand.

Leg an mein Herz dein Köpfchen
Und fürchte dich nicht zu sehr;
Vertraust du dich doch sorglos
Täglich dem wilden Meer.
Vertraust du dich doch sorglos
Täglich dem wilden Meer.
Täglich dem wilden Meer.

Mein Herz gleicht ganz dem Meere,
Hat Sturm und Ebb' und Flut,

10. 고기잡이 아가씨*

*"어부 아가씨"로도 번역 된다.

고기잡이- 아가씨,
배 이리 대시오.
나와 함께 이야기 하오
손잡-고 앉-아서.
나와 함께 이야기 하오
손잡-고 앉-아서-
손잡-고 앉-아서.

머리를 내- 가슴에
기대오, 편안하게.
걱정은 던-져 두오
저 험한 바-다에.
걱정은 던-져 두--오
저 험한 바-다에-
저 험한 바-다에.

내 가슴 바-다처럼
거센 파도치나,

Und manche schöne Perle
In seiner Tiefe ruht.
Und manche schöne Perle
In seiner Tiefe ruht.
In seiner Tiefe ruht.

고운 진주-도 가득
키우-고 있-다오.
고운 진주-도 가득
키우-고 있-다오-
키우-고 있-다오.

11. Die Stadt

Am fernen Horizonte
Erscheint, wie ein Nebelbild,
Die Stadt mit ihren Türmen,
In Abenddämmrung gehüllt.

Ein feuchter Windzug kräuselt
Die graue Wasserbahn;
Mit traurigem Takte rudert
Der Schiffer in meinem Kahn.

Die Sonne hebt sich noch einmal
Leuchtend vom Boden empor
Und zeigt mir jene Stelle,
Wo ich das Liebste verlor.

11. 도시

지평선 저 멀리-서
안개처럼 희미한
도시의 첨탑들이
저녁노을에 젖네.

스쳐가는 해풍에
잿빛 물결 일고
노를 젓는 소리마저
구슬프게 들리네.

태양은 한 번 더 빛나
그 땅 위를 비추며
내게 가리켜주네
그녀 잃어버린 곳.

12. Am Meer

Das Meer erglänzte weit hinaus
Im letzten Abendscheine;
Wir saßen am einsamen Fischerhaus,
Wir saßen stumm und alleine.

Der Nebel stieg, das Wasser schwoll,
Die Möwe flog hin und wieder;
Aus deinen Augen liebevoll
Fielen die Tränen nieder.

Ich sah sie fallen auf deine Hand
Und bin aufs Knie gesunken;
Ich hab von deiner weißen Hand
Die Tränen fortgetrunken.

Seit jener Stunde verzehrt sich mein Leib,
Die Seele stirbt vor Sehnen;
Mich hat das unglücksel'ge Weib
Vergiftet mit ihren Tränen.

12. 바닷가에서

저녁 햇빛이- 바다에
떨어져 반짝-일-- 때
외로운 오두막에 단 둘이
말없이 앉아 있었네.

안개 속에 물결 일고
갈매기 날며 울었네.
다정한 그-대- 두 눈에
눈물 가득- 고였네.

그대 손, 눈물에 젖을 때
난 무릎을- 꿇었--네.
그대 하얀 손-에 담긴
그 눈물을 마-셨네.

그 순간부터 내 몸과 맘에
그리움이 퍼졌네.
가엾은 여인이 떨군-
독약 같은 그 눈-물-----로.

13. Der Doppelgänger

Still ist die Nacht, es ruhen die Gassen,
In diesem Hause wohnte mein Schatz;
Sie hat schon längst die Stadt verlassen,
Doch steht noch das Haus auf demselben Platz.

Da steht auch ein Mensch und starrt in die Höhe
Und ringt die Hände vor Schmerzensgewalt;
Mir graust es, wenn ich sein Antlitz sehe -.
Der Mond zeigt mir meine eigne Gestalt.

Du Doppelgänger, du bleicher Geselle!
Was äffst du nach mein Liebesleid,
Das mich gequält auf dieser Stelle
So manche Nacht, in alter Zeit?

13. 그림자*

*"분신"으로도 번역된다.

고요한 밤, 모두 잠든 거리.
여기-- 이- 집-에 살던 내- 님
멀리 가고- 텅 빈 마-을에
집만 서있네- 바로 그~- 자리.

웬 남자 하나, 먼 산- 바라보다
가슴 뜯으며 괴롬에 떠네.
두-려워, 그 얼굴 볼 수 없네.
달빛에 새겨진 나의 모습.

너, 그림자야, 창백한 친구야!
네 어찌 아니, 내 아픔?
괴롬 속에 이렇게 섰던
지난 날의 수 많----은 밤.

14. Die Taubenpost

Ich hab' eine Brieftaub' in meinem Sold,
Die ist gar ergeben und treu,
Sie nimmt mir nie das Ziel zu kurz
Und fliegt auch nie vorbei.

Ich sende sie viel tausendmal
Auf Kundschaft täglich hinaus,
Vorbei an manchem lieben Ort,
Bis zu der Liebsten Haus.
Bis zu der Liebsten Haus.

Dort schaut sie zum Fenster heimlich hinein,
Belauscht ihren Blick und Schritt,
Gibt meine Grüße scherzend ab
Und nimmt die ihren mit.

Kein Briefchen brauch ich zu schreiben mehr,
Die Träne selbst geb ich ihr,
Oh, sie verträgt sie sicher nicht,

14. 우편 비둘기*

*"비둘기 우편"으로도 번역되고 있다.

우편 비둘기 하나 있다오.
내게 언제나 충실해
내 맘에 모자를 때도
넘칠 때도 없죠.

심부름 하기 수천 번
매일 내 편지 갖고
사랑의 추억을 넘어
그녀 집에 가죠.
그녀 집에 가죠.

살며시 창문에 다~-가가서,
그녀 표정 살피-고,
내 편지 건네 주-고-서
답장 받아오-죠.

이젠 편지를 쓰는 대신
눈물만 짓는다오.
오, 내 눈물 안쓰러워

Gar eifrig dient sie mir.
Gar eifrig dient sie mir.

Bei Tag, bei Nacht, im Wachen, im Traum,
Ihr gilt das alles gleich,
Wenn sie nur wandern, wandern kann,
Dann ist sie überreich!

Sie wird nicht müd, sie wird nicht matt,
Der Weg ist stets ihr neu;
Sie braucht nicht Lockung, braucht nicht Lohn,
Die Taub' ist so mir treu!!
Die Taub' ist so mir treu!!

Drum heg ich sie auch so treu an der Brust,
Versichert des schönsten Gewinns;
Sie heißt - die Sehnsucht!
Kennt ihr sie? Kennt ihr sie? --
Die Botin treuen Sinns.

내 곁 지킨다오.
내 곁 지킨다오.

밤낮으로, 꿈과 생시에
항상 한결같이
오직 나 위해 날 때만
행복해 한다오!

단 한번 마다 안하고
새로이 떠나며
보답도 바라지 않는
충실한 비둘기!
충실한 비둘기!

그 비둘기를 내 가슴 안에
소중히 품고 산다오.
그 이름, 그리움!
아시죠? 아시죠?
내- 사랑의 전령.

Die Botin treuen Sinns.

Drum heg ich sie auch so treu an der Brust,
Versichert des schönsten Gewinns;
Sie heißt - die Sehnsucht!
Kennt ihr sie? Kennt ihr sie? --
Die Botin treuen Sinns.
Die Botin treuen Sinns.

내 사랑의 전령.

그 비둘기를 내 가슴 안에
소중히 품고 산다오.
그 이름, 그리움!
아시죠? 아시죠?
내- 사랑의 전령.
내 사랑의 전령.

옮긴이 **곽명규**

시인, 소설가, 번역가

저서 : 지금도 마로니에는 피고 있겠지 (2000)
　　　사랑의 기쁨과 슬픔 (2012)
　　　유혹의 밤길 (2023)

서울대학교 문리과대학 졸업
autumnguy@gmail.com
https://blog.naver.com/oceanmoon